誰もが〈助かる〉社会

まちづくりに織り込む防災・減災

渥美公秀・石塚裕子
〔編〕

新曜社

装釘＝臼井新太郎
花の絵＝石塚裕子

はじめに

　本書は、「誰もが〈助かる〉社会」の構築を目指して取り組む新たな防災・減災活動を提案するものである。「誰もが〈助かる〉社会」とは、災害が発生したときに、多様な住民の誰もが一人残らず「あぁ、助かった」といえるような地域コミュニティのことである。

　災害が多発する日本では、地域コミュニティでさまざまな防災・減災活動が行われてきた。しかし、災害による死者は減らず、関連死も含めれば、決して、災害が発生しても「助かる」社会にはなっていない。さらに、被害は、災害時に配慮を必要とする人びとに集中している。たとえば、2018（平成30）年の西日本豪雨災害の被災地岡山県倉敷市真備町では、犠牲になられた方々の8割以上が高齢者・障害者であったという事態が発生している。決して、「誰もが」助かる社会にはなっていない。いったい、これまでの防災・減災活動の何が間違っていたのだろうか。

　従来の活動に代わる新たな防災・減災活動はありえないのか。本書を執筆している面々は、研究者として、実務家として、阪神・淡路大震災以来、各地の災害現場に赴き、実践を重ねながら、この問いについて探究し、試行錯誤を重ねてきた。そして、公益財団法人ひょうご震災記念21世紀研究機構による「地域コミュニティの防災力向上に関する研究会（2017-2018）」、および、日本学術振興会課題設定による先導的人文学・社会科学研究推進事業「尊厳ある縮退によるコミュニティの再生と創生（2018-2021）」のもとで共同研究・実践を進めてきた。

　私たちが見い出したのは、「誰もが〈助かる〉社会」に向けた防災・減災活動（「防災・減災3.0」と呼ぶ）である。「誰もが〈助かる〉社会」に向けた新たな防災・減災活動は、これまでの活動と似て非なるものである。念のためにいえば、防災白書に登場する防災4.0とも全く異なる。それを支える考え方は、これまでの防災・減災の考え方と相反するものも多い。

　ここで〈助かる〉と、わざわざ山括弧を使って表記したのには理由がある。能動態としての助ける、受動態としての助けられるという分け方から〈助かる〉という動詞を導くことには國分功一郎『中動態の世界』から始まる中動態に関する一連の議論の示唆を得ている。助かるという動詞を中動態だと考

えれば、自然と助かる自動詞的な事態も、助けてもらって助かる受動態的な事態も、自力で助かる再帰動詞的な事態も含まれよう。ただ、本書では、中動態が能動・受動態のもつ意志と責任の偏重を回避しうる表現であることに着想を得て、助かるという動詞を中動態のように用いる。実践的には、意志・責任の主体を固定せず流動化していく関係を捉えようとしていることから〈助かる〉と表記している。

　本書は、大きく分けて理論編と実践編に分かれる。理論編は、新しい防災・減災活動の背景にある考え方を理論的に整理している。まず、新しい防災・減災活動は、まちづくりに織り込まれた活動であると論じる（第1章）、次に、「誰もが」ということについて、インクルーシブという概念が原理的に議論され（第2章）、これまで排除されてきた当事者の視点から、障害、子ども、ペット飼育者について論じる（第3章）、そして、〈助かる〉ということについてさらに議論を深める（第4章）。また、理論編には、随所にコラムを配し、特に掘り下げたい点やさらに視野を広げておきたい点を議論している。次の実践編は、兵庫県上郡　町 赤松地区で実施されてきた活動を詳細にわたって紹介し、まちづくりに織り込まれた防災・減災の具体例を示す（第5章）。また、関連する全国各地のユニークな活動を参考事例として紹介している（第6章）。

　まずは第1章から読み進め、新たな防災・減災活動の考え方をおさえたうえで実践事例に進んでいただいてもよい。一方、とにかく実践事例をという読者は実践編からお読みいただいて、その後に理論編に戻っていただければ、実践事例の随所に埋め込まれた新しい防災・減災活動の考え方をより深くご理解いただけるだろう。また付録には、読者のみなさんが自分のまちでも取り組んでみようと思われた時の手引きとして、「誰もが〈助かる〉まちづくりガイドライン」を添付した。

　本書で提示した考え方が広まり、そして、実践事例から得た知恵が各地に応用されていくことによって、「誰もが〈助かる〉社会」へと一歩でも近づければ幸いである。

渥美公秀・石塚裕子

文　献

國分功一郎（2017）『中動態の世界 —— 意志と責任の考古学』医学書院

目　次

誰もが〈助かる〉社会に向けて

渥美公秀

　「誰もが〈助かる〉社会」とは、災害が発生したときに、多様な住民の誰もが一人残らず「あぁ、助かった」といえるような地域コミュニティのことである。本章では、「誰もが〈助かる〉」という着想の背景と、考えるべき論点を示しておきたい。

　「誰もが」というのは、文字通り、一人も取り残すことのないすべての人びとを指している。新しい防災・減災活動を展開することによって、誰一人として被害を受けることのない地域コミュニティを築きたい。たとえば、災害が発生したときに、独居で身体が思うように動かない高齢者も助かる、さまざまな障害のある人びとも助かる、子どもも外国人もペットを飼っている人も、生活困窮者も……ありとあらゆる人びとが助かる。そんな地域コミュニティでありたい。

　〈助かる〉というのは、災害に向けて、助けるという能動態でもなく、助けられるという受動態でもない表現として「助かる」という動詞が示す状態を目指すことを指している。本書では、この助かるという動詞に込めた独特な考え方を強調するために、〈助かる〉と表記している。災害が発生したときのために、特定の人びとが助ける側として熱心に活動し、他の人びとは助けられる側として支援を待つという図式もあろう。しかし、実際の災害現場では、たまたま誰かが助けることもあれば、逆にその人が助けられることもある。助ける−助けられるという関係を固定するのではなく、助けたり、助けられたりすることで結果的にすべての人びとが助かるということを目指すのである。

1 着想の背景

　筆者らが、「誰もが」ということに思い至ったのは、阪神・淡路大震災から四半世紀が過ぎようとする中で、特定の人びとに被害が集中する事態がずっと続いているという事実に心を痛めてのことであった。たとえば、2011（平成23）年の東日本大震災では、犠牲者のうち高齢者・障害者の割合がその他の人びとの2倍であった。また、2018（平成30）年の西日本豪雨災害では、犠牲になった人びとのうち、高齢者・障害者が8割を超えるという事態（岡山県倉敷市真備町）が発生してしまった。同じく2018年の大阪府北部地震では、マンションで倒れた家具の中に埋もれつつも助けを呼べず孤立する高齢者の姿があった。また、大阪府箕面市では、避難してきた人びとの90パーセント以上が外国人というコミュニティもあった。そして、振り返れば、2016（平成28）年の熊本地震ではペットとともに避難した住民が、ペットがいるということが発端となって避難所から（一時的にせよ）排除される事態が発生していた。さらに、2019（令和元）年には、台風19号の際、ホームレスの人が住所を持たないという理由で生活している自治体の避難所に入れないといった事態まで発生した。災害時に配慮が必要な人びとにこそ被害が集中している。いったい日本の防災・減災はどうなっているのだろうか。防災・減災活動は、根本的な変革を迫られていることは間違いあるまい。

　一方、筆者らが、〈助かる〉ということに注目したのは、上述のような事態を受けてなされるさまざまな改善に大きな違和感を覚えたからであった。災害時に噴出した諸問題を教訓として、それまでの防災・減災活動が見直され、改善に向けた取り組みがなされる。しかし、残念ながら、改善の試みは、従来の防災・減災活動がもっていた問題を解消するどころか、より深刻さを増しているように見えてしまう。実際、多くの場合、地域の防災計画が見直され、助ける技術の向上が図られている。また、最近では、助けられる技術の向上という意味で「受援力」という言葉も使われるようになってきた。しかし、檜垣（2019）が指摘するように、災害など突然の事態では、日常生活の中の常識や秩序が崩れ、通常助ける側の人が助けられたり、助けられる側の人が助けていたりして、助ける人と助けられる人を峻別できない。また、災害が予測不可能であるように、助けるための計画や助けられるための計画も原理的には成立しない。そこに誰が助けたのでもない偶然性を見るべきである。言いかえれば、助ける側と助けられる側を区別して、それぞれに技術を向上させたり、計画を

精緻化したりするのではなく、はたまた助ける側の責任や意志が執拗に問われるような事態を導くのではなく、助ける−助けられるという関係を超えた新たな関係を見いだし、それを偶然性が担保された文脈におくことに賭ける活動があるのではないだろうか。

　現状では、高齢者に被害が集中すれば、高齢者の災害対応が議論され、障害者に被害が集中すれば障害者に注目が集まる。しかし、高齢者や障害者といった個々の人びとの属性に注目し、属性ごとに仕組みを整えたり、その支援者を訓練したりするだけで多様な人びとを包摂できると考えてよいものだろうか。それでは結局、地域コミュニティにおいて「誰もが〈助かる〉」とはならない。事実、災害時に移動が困難になるのは、高齢者だけではないし、障害者だけでもない。たまたまその時に足にけがを負っている人びともいるだろう。むしろ、属性にとらわれずに、災害時に必要となる機能に着目して、もっと包括的な対応を考えるべきではないだろうか。そのために何より大切なことは、当事者の声を最初からしっかりと聴くことである。行政や専門家がトップダウンで高齢者や障害者といった属性をもつ人びとを包摂するのでは決してない。そうではなく、一人ひとりの個性ある当事者が、何に困っているのか、どういう支援を必要としているのかということを発言できる場を準備し、その声を丁寧に聴きながら対応していくことこそ求められている。

2　議論すべき論点

　「誰もが〈助かる〉」社会を目指す新たな防災・減災活動を理論的に考案し、さらに、現場での実践を積み上げていくことが求められる。しかし、新たな防災・減災活動を展開する地域コミュニティ自体が脆弱化しているとの指摘がなされて久しい。超高齢化、人口減少で悩む中山間地域や、無縁社会となっている都市部の地域に、新たに防災・減災活動を付加したところで、それは住民の負担を増やすだけである。新たな防災・減災活動は、地域コミュニティの脆弱化という現代社会の文脈をしっかりと捉えたものでなければ実現可能性に乏しい。

　そこでまず、本書では、従来の防災・減災活動の特徴を整理し、それらが脆弱になった地域コミュニティではさまざまな限界に直面することを明らかにすることから始めた。次に、地域コミュニティの力が衰えていても、住民は何もしていないわけではないという当たり前の事実を視野に入れた。言いかえれば、

住民が防災・減災とは一見無関係に進めているさまざまな活動 ── まちづくり活動に注目した。無論、まちづくりと銘打って行っている活動がそうそうあるわけではないだろうが、衰弱したコミュニティであっても住民が依然として取り組んでいるさまざまな活動をまちづくりと見立て、そこに防災・減災活動を織り込むという発想を得た。第1章では、こうして見いだされた新たな防災・減災活動を「防災・減災3.0」として紹介し、それが「誰もが〈助かる〉」ことにつながることを論じている。

　続く理論編の各章では、「誰もが〈助かる〉」という着想に含まれていた諸概念を原理的に追求するとともに、実は、多様な当事者たちがすでに防災・減災3.0に近づく活動を提唱して実践してきたことを紹介している。具体的には、「誰もが」ということについては、第2章でインクルーシブ（包摂）という概念を掘り下げ、第3章では、障害者や子ども、そしてペット飼育者がこれまで悪戦苦闘してきた姿を例にとって、当事者たちからの提言がいかに実現したか（実現しなかったか）を整理している。そして、理論編最後の第4章では、〈助かる〉という事について、助ける－助けられるという能動態－受動態の対を超越することについて議論を深めている。

　整理すれば、「誰もが〈助かる〉社会」に向けた新しい防災・減災活動は、地域コミュニティのまちづくりの実践に織り込んで、ありとあらゆる多様な人びととともに、偶然性を重視して、助ける－助けられるという役割を超えた活動として提唱している。なお、各章には特定の論点に着目したコラムを配した。もちろん、独立した考察としても読んでいただけるが、本書の底流にある考え方を、焦点を絞って論じたものとして受け取っていただければと思う。当然ながら、理論編では論じたりない点 ── 例えば、防災・減災活動を広めていくための社会運動論や活動への参加者の心理的変化など ── も残されているであろうが、続く実践編への理論的準備としては主要な論点が過不足なく議論がなされているので繰り返し立ち戻っていただければと願っている。

3　実践編の読み方

　本書の執筆者らは、理論編で述べた議論と並行して、兵庫県上郡町赤松地区に足繁く通い、現場からのフィードバックを得るとともに、それをまた議論し、理論と実践の双方向から「誰もが〈助かる〉社会」の実現に向けて活動を展開してきた。第5章には、その試行錯誤の姿が示されている。理論的なアイ

デアが、そのまま現場に生かされるのではないことは言うまでもない。地域コミュニティはどこも独自の歴史的、文化的、社会的経緯をもち、そもそも個性豊かな人びとで構成されている。実際、赤松地区も本書でいうところの従来の防災・減災活動に取り組んできた経緯があり、筆者らが訪れたところで、そこから一朝一夕に抜け出すことは現実的ではない。現場では、従来取り組まれてきた防災・減災活動が少しずつ変化していくのである。したがって、ここで紹介している実践事例が、これまでとは全く異なるいわば目の覚めるような活動に転じているかというと、まさかそんなことはない。そして、赤松地区での防災・減災3.0の取り組みは、現在も進行中なのである。

　そこで、第5章では、赤松地区で行われたことをできるだけ詳細に伝えるように記述するとともに、いわばその舞台裏をも紹介するように努めた。何がなされたかという点よりも、どのように新たな防災・減災活動へとシフトしていっているかという点を読み取っていただければ幸いである。また、筆者らは、赤松地区での実践と並行して、他の地域コミュニティの動きにも目を配ってきた。その中から、防災・減災3.0の趣旨に合致する事例をいくつか紹介している（第6章）。ただ、紙幅の都合から、詳細に述べることはできなかったため、各事例のポイントをできるだけわかりやすく整理して示すように努めた。赤松地区の詳細な記述とともに、時に理論編に立ち戻って吟味していただければ幸いである。

文　献

檜垣立哉（2019）「助けることの哲学 —— 災禍は避けられないし助けることは常に失敗する、では何をなすべきか」渥美公秀・稲場圭信（編）『助ける』（pp.3-22）．大阪大学出版会

I 理論編

発想の現実的転換

第 *1* 章

防災・減災活動の転換

渥美公秀

　地域コミュニティにおける防災・減災活動の目的は、災害が発生した際に、住民の誰もが「あぁ、助かった」といえるようにすることである。地域コミュニティには、多様な人びとが住んでいる。高齢者、障害者、子ども、妊婦、外国人、病人、けが人、生活困窮者など、災害時にも特段の配慮と支援が必要な人がいる。また、ペットを飼っている人もいれば、観光客など、たまたまその地を訪れている人もいる。さらに、筆者のように眼鏡をかけている人が災害で眼鏡を壊せばたちまち支援が必要になったりもする。そうした多様な人びとが、災害時に「あぁ、助かった」と言い合えるような状況＝誰もが〈助かる〉社会を築いていくにはどうすればいいだろうか。本章では、これまで各地で行われてきた防災・減災活動を振り返り（1節）、その限界を提示する（2節）。次に、従来の防災・減災活動の問題点を解消する新しい防災・減災活動を「防災・減災3.0」として提唱する（3節）。続いて、防災・減災3.0の理論的基盤を簡単に紹介して続く理論編の各章へとつなげる（4節）。最後に、防災・減災3.0にかかわる地域コミュニティにとっての外部者のあり方について注意を促しておきたい（5節）。

1　従来の防災・減災活動

(1)　防災・減災1.0 —— 「防災という防災」

　地域コミュニティでは、これまで専門家の知見に基づいて避難訓練が行われたり、耐震改修が施されたりしてきた。防災・減災活動がこのように専門家主導で行われてきた歴史は古く、現在でも防災・減災活動の中心を占めている。

こうした防災・減災活動を「防災・減災1.0」と呼ぶことにしよう。

防災・減災1.0を代表する取り組みに自治会や町内会を単位に設置される自主防災組織がある。自主防災組織は、平常時から、備蓄倉庫の整備・管理、防災意識の啓発などさまざまな活動に取り組んでいる。消防庁（2017）によれば、2016（平成28）年現在、全国の自治体の81パーセントで自主防災組織が結成されている。自主防災組織は、消防職員や行政の防災担当といった専門家の主導によって結成され、住民によって運営されている。地域コミュニティの一般住民にとっては、自主防災組織のメンバーは、地域の防災・減災のことに通じている専門家ということになる。防災・減災1.0は、防災・減災の専門家が、防災・減災活動の実施を地域コミュニティに周知して行うので、「防災という防災」と表現することができる。防災・減災1.0の特徴は、専門家から住民へという一方向性をもっていることである。

ただ、自主防災組織については、防災活動の参加者が少ないこと、リーダー等の人材育成が進んでいないこと、活動費や資機材の不足などが課題として報告されている（消防庁，2017）。そもそも、少子高齢化や、地域における人間関係の希薄化といった地域コミュニティの脆弱化が指摘される中、自主防災組織も立ちゆかなくなっている場合が多い。

そこで、こうした脆弱な地域コミュニティを補完し、地域防災における多様な助けあいを促進するために防災士（NPO法人日本防災士機構が認証する民間の資格）が養成されることになり、2019（令和元）年10月末時点で180,649人の防災士が全国で活動をしている。ところが、これだけ多くの防災士が活動しているにもかかわらず、災害が発生すれば、序章で述べたように配慮を必要とする人びとに援助が届かず、結局、誰もが「あぁ、助かった」と言い合えるような社会にはなっていない。いったい、防災・減災1.0のどこに問題があるのだろうか？

(2) 防災・減災2.0 ── 「防災と言わない防災」

日常の活動を楽しむ中で、その結果が防災につながるようにとさまざまな防災・減災プログラムやツールが開発されてきた。専門家主導で行われてきた防災・減災1.0に対して、こうした活動は災害NPOなどの市民団体によるものが多く、主に阪神・淡路大震災から盛んになってきた。こうした防災・減災活動を防災・減災2.0と呼ぶことにしよう。

防災・減災2.0は、防災活動を魅力的にすることによって、より多くの人びとが防災活動に関心をもって参加してくれることを期待し、多様に展開されて

いる。たとえば、防災マップづくりがある。災害の種類を選び、どんな季節の何時頃の発災かを想定し、誰の視点（たとえば、子ども）で防災マップを作るかを決め、災害時要援護者に関する情報の取り扱いなど防災上の工夫を施す。さらに、地域の歴史的文化的施設や人気のスポットなども書き加えて、魅力的な地域マップを作っていくという具合である。

　防災・減災2.0は、市民団体が開発したプログラムやツールを関心のある住民に向けて行う。そうしたプログラムやツールは、いかにも防災をしましょうというふうには地域コミュニティに周知されない。たとえば、子ども向けのイベントとしてその準備、運営、取りまとめにかかわる親たちが結果として防災・減災を学ぶといった仕掛けになっている。防災・減災を声高に叫ぶわけではないので、防災・減災2.0は、「防災と言わない防災」と表現することができる。防災・減災2.0の特徴は、特定の関心をもつ住民が市民団体によるプログラムやツールに参加するというスタイルをもっていることである。

　確かに、防災・減災2.0は、防災に必ずしも関心が高くなかった多くの人びとに防災を学んでもらえる活動である。参加している人びとは、行事を楽しむうちに防災・減災が身につく。楽しみながら防災・減災が学べるとあって好評なプログラムもある。しかし、人びとの関心は実に多様であり、防災・減災2.0は、人びとの関心の一部分に焦点を当てて実施せざるを得ない。実際には、子どもや親子連れに焦点を当てたイベントを地域コミュニティに持ち込むといった活動が行われている。もちろん、障害者に焦点を当てたイベントもあり、高齢者に焦点を当てたイベントもある。ただ、それぞれが独立に行われ、相互交流が乏しいのが現状である。その結果、災害が発生すれば、序章で述べたように配慮を必要とする人びとに周囲のさまざまな人びとからの援助が届かず、結局、誰もが「あぁ、助かった」と言い合えるような社会にはなっていない。いったい、防災・減災2.0のどこに問題があるのだろうか？

2　従来の防災・減災活動の限界

　専門家主導で地域コミュニティの住民に向けて行われる防災・減災1.0を改善するには、住民の参加を呼びかけていく、リーダーを育成する、予算や資機材を豊富にしていくなどさまざまな手立てが考えられよう。しかし、地域コミュニティが脆弱になっている現状で、果たしてうまくいくだろうか。特に郡部は少子高齢過疎化ゆえに、地域コミュニティのさまざまな役割を少数で担わざ

るを得なくなって負担が重かったり、移動手段が乏しかったりする。いわば「そこ（防災・減災）まで手が回らない」というのが正直なところではないだろうか。また、防災・減災は命にかかわる問題であるから参加してほしいと呼びかけたところで、参加者が増えそうにはない。確かに、臨床心理学的には、（命ではなく）あなたが大切だからと呼びかけると効果があるかもしれない。しかし、自治会への参加率が減り、いや、自治会解散なども聞こえてくる無縁社会となっている都市部で、果たしてそういう呼びかけが功を奏するだろうか。

　一方、災害NPOなどの市民団体が開発したプログラムやツールを特定の関心をもつ人びとに向けて実施する防災・減災2.0は、専門家主導で地域コミュニティを対象とした防災・減災1.0の問題点を解消しそうである。しかし、ある特定の関心に着目した場合、その関心をもたない人びとを排除しないまでも、積極的に包摂していくことは困難であろう。また、その関心をもつ人びとが少ない場合にも実施しがたい。たとえば、親子で参加する防災マップづくりであれば、子どもがほとんどいなくなった郡部の過疎地域では実施できない。反対に、その関心をもつ人びとが多い場合には、おそらく防災・減災2.0以外にもさまざまなプログラムがあることから、防災・減災2.0を選ばないこともあるだろう。たとえば、都市部には親子で参加する行事が多様に存在するから、必ずしも防災マップづくりが多数の親子の関心を集めるということにはならない。

　いやそれでも努力を続けることが大切だという議論もあるだろう。しかし、これまで長年にわたって改良を重ねて努力を続けてきても、序章冒頭に紹介したように、配慮が必要な人びとが助からない事態を招いてきたのである。だとすれば、これまでの防災・減災活動にはもっと根本的な問題が含まれていたのではないだろうかと考えてみるのが自然だろう。

　そこで、これまでの防災・減災活動に見られる暗黙の前提を疑ってみよう。妙なことを言い出すと思われるかもしれないが、これまでの防災・減災活動は、防災・減災を目的としていたという前提である。防災・減災1.0のように防災という防災も、防災・減災2.0のように防災と言わない防災も結局のところ防災・減災活動なのである。そして、前者は専門家主導であり、後者は市民団体などが主導する。どちらも脆弱化した地域コミュニティの日常生活に防災・減災という活動が付加されるということである。住民からすれば、親の介護もある、店の支払いもある、子どもの送り迎えもあるという忙しい毎日に、自主防災組織や防災士から呼びかけのあった防災・減災活動が加わり、あるいは、特定の関心をもつ市民団体が準備した防災プログラムが展開されることになる。確かに、災害が全国各地で多発しているのだから、そうした活動に積極的に参

加することは求められて然るべきであろう。しかし、わかってはいるけれどできない、そこまで手が回らない、また今度にしよう、といった声が出てくるのも自然である。

　そもそも、防災・減災1.0は、防災・減災を専門家に任せてしまうことに問題がある。このことは、医療化と呼ばれるプロセスに対比させて考えるとわかりやすい。現代社会を鋭く批判してきたイヴァン・イリイチ（2015＝1973）は、まず現代社会が二つの分水嶺を越えてきたと捉える。滅菌した水が下痢による幼児の死亡率を下げ、キナの樹皮から分離された有機化合物キニーネが特効薬となりマラリアを抑えるという段階が一つめの分水嶺である。ここまでは歓迎される結果をもたらしていた。ところが、医療が専門化し、医療業務が大病院に集中、薬剤の無責任な使用が横行し、医療制度による独占が進行するという二つめの分水嶺を越え、さまざまな弊害がもたらされているのが現代社会だと診断する。地域コミュニティにおける防災・減災もある程度の資機材が整えられ、自主防災組織や防災士といった専門家を生むところまではまだよかったのかもしれない。しかし、地域コミュニティに防災・減災という分野が成立し、その分野を防災・減災の専門家が取り仕切るようになれば、一般の住民には関係の薄い領域になる。いわば、防災・減災は専門家に任せておけばよく、いざというときも専門家が何とかしてくれると考えるようになるのも不自然ではない。その結果、専門家が防災・減災活動への参加を呼びかけても住民が参加しないのも当然である。地域コミュニティでは、住民が企画し、主体的に参加するような防災・減災活動が開発されなければならない。

　一方、特定の関心をもった市民団体等が持ち込むプログラムやツールを使った防災・減災2.0は、あらゆる人びとが主体的に参加するものとなっているかという点に問題がある。もちろん、市民団体はそれぞれに関心を特定して活動しているのであって、それを無闇に拡張すべきではあるまい。しかし、災害時には、高齢者、障害者といった個々の住民の属性をもとにした防災・減災活動によって対応できるだろうか。実は、より多様な人びとに関心を広げたり（たとえば、ペットを飼っている住民、生活困窮者など）、相互の連携を目指したりしてもそうそう簡単には解決しない問題がある。それは、いかにして当事者の声を企画の中核に据えるかという問題である。もちろん、特定の関心をもった市民団体等が、当事者の声を無視しているなどとは言えないだろう。しかし、現状では、多様な立場にある人びとが一堂に会してそれぞれの求める事柄を述べる場があるだろうか。

3 防災・減災3.0 —— 既存のまちづくりに防災・減災を織り込む

　これからの地域コミュニティでは、専門家任せにせず、多様な住民＝当事者が企画し、主体的に参加するような防災・減災活動が開発されなければならない。ところが、ここに現代社会ならではの障壁が待ち構えている。超高齢化、人口減少による地域コミュニティの脆弱化、人間関係の希薄化による地域コミュニティの崩壊という現実である。どうすればいいだろうか？

　現実をつぶさに眺めてみよう。地域コミュニティが脆弱になったとはいえ、住民は無為に日々を過ごしているわけではない。また、地域の出来事から完全に乖離しているわけでもない。実際には、それぞれの地域コミュニティなりの活動が行われている。たとえば、観光、景観、自然環境の保全、高齢者の見守りなどさまざまなまちづくり活動がある。あるいは、年に一度の祭りの実行委員会、登下校時の児童に声をかける挨拶運動や、公園で行われるラジオ体操の会といった集まりもある。このように地域で関心をともにする人びとの活動を広義のまちづくり活動と考えてみる。確かに、地域コミュニティは昔ほどには活性化していないだろうし、そこに新たな活動を加えるというのは無理かもしれない。しかし、現に行われている活動に、たとえそれが昔ほど活発なものではなくとも、そこに防災・減災を織り込んでいくことは可能ではなかろうか。すなわち、専門家主導（防災・減災1.0）や特定の関心をもつ市民団体主導（防災・減災2.0）の防災・減災活動という特別な活動を地域コミュニティに追加するのではなく、すでに住民が主体的に取り組んでいる広義のまちづくり活動に防災・減災をそっと織り込んでみてはどうだろうか。

　このように、まちづくりに織り込まれた防災・減災活動を「防災・減災3.0」と呼ぶことにしよう。防災・減災3.0は、防災・減災活動をすでに住民が主体的に取り組んでいる活動に織り込んでいくという点で、防災・減災活動を地域コミュニティに付加していく防災・減災1.0や防災・減災2.0とは本質的に異なる。防災・減災3.0は、「まちづくりに織り込まれた防災・減災」である。

　防災・減災3.0の特徴は、まず、あくまで住民が主体的に（すでに）取り組んでいる活動に注目していることである。その結果、住民にとって新たな活動を付加することにはならず負担感を軽減できよう。次に、防災・減災3.0は、その企画段階から多様な住民が参画する回路を持っている。確かに、現状のまちづくりの多くがそのように展開されているわけではないが、防災・減災3.0には、防災・減災1.0のように自主防災組織や防災士、防災・減災2.0のように

特定の関心をもつ市民団体、あるいは、外部からの専門家等がまちづくり活動に携わる住民にそっと働きかけて、多様な住民が企画段階から参加する場を提案する素地が残されている。

4 防災・減災3.0を支える理論的基盤

防災・減災3.0は、誰もが〈助かる〉社会＝災害が発生したときに「あぁ、助かった」と言い合える社会に向けて提唱された活動である。最後に、防災・減災3.0をまちづくりに織り込んで行う際に、理論的基盤として掘り下げておくべき論点を、「誰もが」という点と「〈助かる〉」という点に分けて述べておこう。

(1) 「誰もが」を可能にする考え方

まず、「誰もが」という点について、防災・減災3.0は、既存のまちづくり活動の中で多様な人びとに注目する。しかも、特定の地域コミュニティであるから、あの人はどうか、この施設にいるこの人たちはどうかという具合に個別に考えていく。言いかえれば、多様な人びとに注目するといっても、高齢者や障害者といった属性・カテゴリーをあらかじめ持ち込んで、トップダウンで包摂するようなことはしない。そうではなく、すでに行われているまちづくり活動の中に、いかなる立場にある人びとであっても参加できるような場を設け、多様な人びとがまちづくりについてさまざまな意見をいえるようになることを示唆していく。その結果、災害が発生したとき「あぁ、助かった」と言い合える地域コミュニティが醸成されていく。

理論的には、多様な人びとを対象とすることは、通常、インクルージョン（包摂）という概念で捉えられ、エクスクルージョン（排除）とセットで議論される。原理的には、すべてを包摂することは不可能であり、何かを包摂するたびに、何かが排斥される。マイノリティの包摂という場合にも、包摂を求めない人びとの存在、包摂を求める声を出せない人びとの存在、さらに広げればカースト制度の外にあって触れることも見ることさえ禁じられて差別されたという不可触民や法の外にあって存在さえ否定されている人など議論は尽きない。さらに、包摂の対象が同定されるたびに、誰がその対象を同定するのかという権力性が問題になる。おそらく、インクルージョンに関するこうした原理的な議論は尽きることがない。むしろ、時間の導入、空間の移動、人びとの個別性

など補助的な議論がなければ収拾がつかないであろう。

　防災・減災の文脈でいえば、高齢者を包摂するとしたところで、元気な高齢者といわゆる寝たきりの高齢者では異なる対応が必要になるし、障害者を包摂するというだけでは個性を無視した暴力性が高まるだけである。もちろん、包摂されたくない人びとも存在する。また、包摂されているつもりの人びとも、災害時には援助が必要になることが多々ある（たとえば、近視の人の眼鏡が壊れれば、その時点でそれまでになかったニーズが生じる）。結局、理論的には、インクルージョンを多様な文脈の中で、一人ひとりの存在そのものを承認し合うということであろうし、実践的には、一人ひとりの住民が声を発することのできる場を準備して、いかにその声をじっくりと聴くことができるかということに尽きる。

(2) 「〈助かる〉」をもたらす考え方

　次に、「〈助かる〉」という点を実現するにあたり、防災・減災3.0は、周到な計画を立てることなく、むしろ逆に偶然性にまかせようとする。考えてみれば、地域コミュニティで行われる広義のまちづくり活動は、何もかも詳細にわたって計画し尽くすことなど現実的ではない。むしろ、その時々に起こる事柄に臨機応変に対応していく場面が多いだろう。仮に伝統的なやり方が定着しているようなまちづくり活動であっても、伝統からの逸脱は常に起こりうるし、その対処は臨機応変である。防災・減災3.0は偶然性を重視するなどといえば、頼りないという声が聞こえてきそうだが、防災・減災に関する計画を立てようとして自然を制御することへの過信が生じるよりも、素朴にさまざまな事態を想定し、想定していたこと以外のことも偶発するものだと受容する姿勢を大切にしようという判断である。

　また、防災・減災3.0は、助ける人と助けられる人を峻別して考えない。無論、実際には助ける側になる人と助けられる側になる人が存在する。しかし、両者は偶然に入れ替わることもあるという点に注目する。このことも地域コミュニティのまちづくり活動では日常に見られることではないだろうか。たとえば、地域でイベントを企画した場合に、運営する人びとが忙しく動き回る中で、実は住民がそっと手助けをしているという場面はよくあることである。助ける人と助けられる人を峻別しないということは、何か不測の事態が発生すれば、いずれの側にも責任を追及しないという姿勢を大切にしていくという判断でもある。助けること（だけ）を考えるのではなく、助けられること（だけ）を考えるのではなく、助かるという場面を構築するのである。地域コミュニティの

まちづくり活動で何か不測の事態が発生したときにも、災害が発生したときにも、「あぁ、助かった」と言い合う時、それは誰のせいでもないと思えることと親和性をもつ。それなら、いったん「助ける−助けられる」関係を思い切って封じてみるというのが、防災・減災3.0の特徴である。

5 防災・減災3.0に参画する外部者

　本章では、従来の防災・減災活動を振り返りながら、その限界を明らかにして、新しく防災・減災3.0を提案した。ここまでの議論からは、それでも本当に実現可能なのかという問いに出会うだろう。確かに、厳密な計画もなければ、助ける人も特定されず、ありとあらゆる人びとが参画する風景など理想に過ぎないように思われる。しかし、ここで防災・減災3.0は、地域コミュニティですでに行われているまちづくり活動にそっと織り込まれた活動であるということを思い起こそう。多様な人びと＝当事者も住民であるという当然のことを思えば、地域コミュニティのまちづくりに多様な人びと＝当事者の声を採り入れていくことへの抵抗は大きくはないだろう。また、まちづくりにおいては、周到な計画を立てるよりもさまざまな偶然性が関与してくることは住民が日頃体験しているだろうし、まちづくりを主導する人も手伝う人も住民であって、どちらがどちらを助けているのかは流動的であることはよく体験される。
　さらに、批判もあろう。すなわち、地域コミュニティにおけるまちづくりもそれなりに脆弱化しているのであって、多様な人びと＝当事者の声を採り入れることも、助ける側と助けられる側を曖昧にして対応していくことも、現実的ではないという声である。そこで要請されるのは、防災・減災3.0を理解した外部者である。外部者は、経験や専門知を有した専門家かもしれない。しかし、防災・減災3.0に携わる専門家の姿は、防災・減災1.0の専門家とも、防災・減災2.0の市民団体とも異なる。住民と距離をとって専門家ぶって活動するなどということは決してあり得ないと心得ている外部者である。ここで登場する外部者は、住民に寄り添い、丁寧に声を聴き、住民のペースに合わせてじっくりとかかわっていく伴走者としての外部者である。整理すれば、防災・減災3.0にかかわる外部者は、確かに経験や専門知を有しているかもしれないが、防災・減災1.0や防災・減災2.0とは異なり、それに特化した関心を前面に出すことはしない —— その具体的な姿は、筆者らが取り組んできた事例（第5章）を参照していただきたい。

防災・減災3.0は、地域コミュニティにおける住民の住民による住民のために行われている既存のまちづくりに織り込まれている。外部者は、あくまで住民と一緒にそこにいるだけであって、主体的に参画するのは住民であることを決して忘れることはない。この点については、何度強調してもしすぎることはない。防災・減災3.0の中核をなす考え方である。

文　献

イリイチ，I. (2015)『コンヴィヴィアリティのための道具』（渡辺京二・渡辺梨佐，訳）. ちくま学芸文庫 [Illich, I. (1973) *Tools for conviviality*. New York: Harper & Row.]

消防庁（2017）『自主防災組織の手引き ―― コミュニティと安心・安全なまちづくり』 https://www.fdma.go.jp/mission/bousai/ikusei/items/bousai_2904.pdf （2019/11/28情報取得）

減災サイクル

村井雅清

減災サイクルとは

2018（平成30）年、2019（令和元）年と相次ぐ災害によって甚大な被害がもたらされた。過去の災害史を振り返ると決して想定外ではないこと、地球温暖化によってこうした台風や豪雨災害は常態化するとの指摘もある。NHKは、2019年台風19号で「いのちを守る行動をとって下さい！」を連呼していたが、障害者や高齢者、妊婦、乳幼児がいる家庭、そして言葉が理解できない外国人など、避難が難しい人たちにその声は助けとなったのだろうか？　このような人たちにも配慮したメッセージがもっと必要だったのではないだろうか？　これは、災害対策を根本から見直さざるを得ない事態である。大規模災害が続くなか、今こそ発想の転換が迫られている。

そこで、筆者は「減災サイクル」（図1）という考え方を提案したい。減災サイクルは、フェーズごとに想定できるあらゆることについて緻密なシミュレーションを繰り返し、自分事化して考える。そのうえで、その多彩な想定に対していかに行動できるかを考えることによって減災に導くものである。

この減災サイクルでは、特に人的被

害のゼロを目指している。自然災害である以上、人間の力で災害を防ぐということは不可能だが、被害を減じることはできるというのが減災の考え方である。ただ、最も気をつけなければならないことは、減災というニュアンスに、「少しくらいの被害はやむを得ない」とする傾向があることだ。減災サイクルは、「あくまでも、人的被害ゼロを目指している」とまず強調しておきたい。それこそが、「誰もが〈助かる〉社会」につながるからである。

減災サイクルが求めるシミュレーションについて順を追って解説する。

「発災」からの
「応急対応」「復旧・復興」

サイクルを示す円の12時のところに「発災」とあり、その次に「応急対応」というフェーズがある。災害にはいろいろな種類があるため、対応の仕方もそれぞれ異なる。発災後の応急対応では、地震が発生すればどんな被害に遭うのか、台風の場合は、土砂災害の場合は、とそれぞれの災害によって発生する被害を可能な限り想定する。災害に遭遇する時間帯も、その時にいる場所も細かく想定しなければならない。たとえば地震の場合、建物の下敷

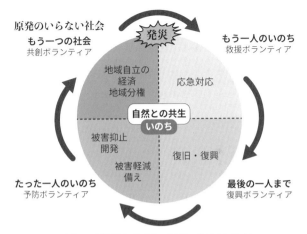

図1 減災サイクル (村井，2019を改変)
※四つめのフェーズにある「原発のいらない社会」は、
「もう一つの社会」を共に創るためにすべての人が取り組むべき課題である。

きになったときには助けを求めなければならないが、自力では脱出することもできず、地上の人に知らせる術もない。川の氾濫ではあっという間に床上浸水になり、逃げ遅れるかもしれない。2階に逃げることもできない。台風では停電になり、屋根も飛ばされるかもしれない。また食料もないし、救援物資も届かず、乳飲み子を抱えた親たちはミルクを求めて走りまわる。避難所に避難したくてもそこまで辿り着けない障害者は在宅のまま、恐怖に怯えなければならない……など、あらゆる事態をシミュレーションすることが重要だ。この「応急対応」のフェーズでは、駆けつけてきた救援ボランティアが全力を尽くして一人ひとりに寄り添い、「もう一人のいのち」を救おうと救援活動を行うだろう。

「復旧・復興」のフェーズは、避難所生活（あるいは仮設住宅）から脱して一日でも早く、元の家を再建したい段階である。家を失った被災者は恒久住宅に移行したいが、一人ひとりが望む住宅が確保できるのか不安だ。災害で仕事先が再開できず失職状態になり、この先どのように生計を立てればよいのかと路頭に迷う。災害の都度、このような事態に陥っている被災者は少なくないだろう。当事者の立場になって想像してみれば、きわめて深刻な事態である。支援者は全力を尽くしてだれも取り残さないように最後の一人までを救わなければならない。このように、一人ひとりが大事にされる災害復興制度を考えるという取り組みのなかで、「災害ケースマネジメント」という手法が、被災者の生活再建をサポートす

るしくみとして定着しつつある。また、それを平時の福祉サービスにつなげようという動きもある。このように復旧・復興のフェーズでは、あらゆる専門家と連携し、自治体にも協力を求め、可能な限り「最後の一人まで救う」を目標としよう。

開発による「被害抑止」、備えによる「被害軽減」

災害直後の「応急対応」「復旧・復興」のフェーズにおいてもなお目の前に覆いかぶさる災難を、さらにきめ細かくシミュレーションをし、どのような備えをすればよいのかを考えるのが、次の「被害抑止」「被害軽減」のフェーズである。たとえば、地震は最も人的被害が大きくなる災害だが、家さえ壊れなければ人的被害は極端に減る。避難所での長期避難も必要ない。したがって備えは耐震補強ということになる。他方、川の氾濫による水害を防ぐには、開発にもつながる「国土強靭化」として政策に反映される堤防を強化したり、川底を掘り下げたり、場所によってはダムを強固にするだけでは被害軽減につながらない。とにかく早期避難に徹すればいのちは助かるし、助かれば受援者から支援者にまわることもできる。気候変動による豪雨、台風による風水害、土砂災害などについては気象予報に注意しておけば早期避難は可能だ。政府が「自治体も限界だ。避難行動は住民主体で」（内閣府, 2019）と打ち出していることも忘れてはならない。

「復旧・復興」に対する備えとして、誰もが平時からそもそもの住まい方や働き方について考え直しておくことも必要だろう。たとえば、職住接近型の暮らし方に変えるというのも一案だ。また、災害後も一人暮らしの場合、災害前のような大きな住宅は必要ないとも考えられ、思い切った決断をすることも選択肢のひとつだろう。

本書のテーマになっている「助ける－助けられる」ではなく、「誰もが〈助かる〉」には、このように各々が自分事化して備えるだけでなく、住んでいるコミュニティごと災害対策に取り組むことが大事だ。ただ、このことは今までも耳にタコができるほど聞かされ続けてきたはずなのに、人的被害がゼロにならない。それについては、本書で解説している「まちづくりに織り込まれた防災・減災3.0」の考え方（第1章）と事例（第5章）をぜひ参考にしてほしい。コミュニティにおいて一年で最大の行事である祭りやイベントに、地域のみんなが参加することを目標にすることによって、その取り組みの過程が減災対策にも生かすことができる好例である。

「もう一つの社会」とは

最後のフェーズで掲げたのは「もう一つの社会」だ。二つの大事なポイントがある。

一つめは図のサイクルの中央に記した「自然との共生」である。冒頭で自

然災害を人間の力で防ぐのは不可能だと言った。矛盾するかもしれないが、それでも人的被害をゼロにしなければならない。ではどうすればよいのか？

　人的被害ゼロは理想ではなく、実現可能なのだという証になったのが、2000（平成12）年の北海道有珠山（うすざん）噴火災害である。北海道大学の岡田　弘（ひろむ）名誉教授が中心となり、火山噴火という自然現象のメカニズムを子どもも含めて多様な人たちが勉強し続けてきた「減災協働変革」の結果、人的被害ゼロを実現させた。報道では、「さまざまな軋轢（あつれき）を乗り越え、住民・行政・科学者・マスメディアによる、実態を直視した長年にわたる協働が、死傷者ゼロの減災効果を導いた」（毎日新聞, 2013年2月9日付）とされている。

　二つめは、「地域分権」と記していることだ。地域を構成する一人ひとりの住民が主体となって地区防災計画をつくるには、おたがいが迷惑をかけあっても支え合い、地区に住む皆が共に災害に強い町を創る「共創ボランティア」というかかわりが求められるだろう。阪神・淡路大震災直後、被災地では「おたがいさま」という言葉が飛び交った。「人は一人では生きていけない。困ったときはおたがいさまだ！」という現象があちらこちらにあった。先述したように、政府は「災害時における避難行動は住民主体で」と強調する。しかし、日本の防災行政は長年にわたって国や地方自治体が主導してき

た。ここにきて急に「住民主体」と言われても、そう簡単には現実のものとはできないだろう。住民主体を生活習慣にまで浸透させていかなければならない。そのためにはEC（欧州共同体）の地方分権のしくみとなった「補完性の原理」（subsidiarity）を意識的に導入することに尽きる。補完性の原理とは、自治はできるだけ小さな単位で行い、できない場合は大きな機関で補うボトムアップ型分権の考え方である。先述した「最後の一人まで救う」という思想は、補完性の原理が根幹にある考え方だ。「自分ができることは、自分でする」ためには、援助のすべてのしくみのなかで補完性の原理が機能しなければならない。政府が災害対策として、住民主体を掲げるならば、必然的に行きつく原理ではないだろうか。

文　献

村井雅清（2019）『減災サイクル．地域コミュニティの防災力向上に関する研究 ―― インクルーシブな地域防災へ研究調査報告書』（p.192）．ひょうご震災記念21世紀研究機構研究戦略センター研究調査部．http://www.dri.ne.jp/updata/ 地域コミュニティの防災力向上 _5110.pdf（2019/12/13情報取得）

内閣府（2019）「平成30年7月豪雨を踏まえた水害・土砂災害からの避難」http://www.bousai.go.jp/kohou/kouhoubousai/h30/94/news_01.html（2019/12/13情報取得）

第2章

インクルーシブを問いなおす

宮本 匠

1 インクルーシブは誰を包摂しようとしているのか

　本章では、誰もが〈助かる〉社会の実現に向けて、その「誰もが」が意味するところ、つまりインクルーシブであることについて、原理的に考えてみたい。インクルーシブ（inclusive）とは、「〜を含んだ」「包摂的な」という意味である。あえて、包摂が問われているのは、これまでそこに含まれてこなかった人びとがいたということ、エクスクルーシブ（exclusive）な状態があったことが前提であろう。それでは、誰が含まれてこなかったのだろうか。たとえば、障害がある人、身体障害、知的障害、精神障害者それぞれが含まれてこなかったのかもしれない。それも、障害者か健常者かではなく、そのボーダーライン上にいる人こそが含まれてこなかったという議論もあるだろう。また、相対的に男性が中心の社会において女性が含まれてこなかったともいえるかもしれない。いや、これも、先の障害者と同様に、男性か女性かという二分法が問題だという議論もあるだろう。外国人や、子どもの視点が欠けているという議論に対して、高齢者への配慮が十分でないという議論もあるだろう。

　このように、そもそも誰が含まれてこなかったのか、インクルーシブは誰を包摂しようとしているのかを考えてみるとある違和感を抱かざるをえない。そもそもインクルーシブとは、誰でも分け隔てなく包摂しようという肯定性の原理が基底にあるはずだ。ところが、誰を包摂しようとしているのか考えた途端、これまで誰が排除されてきたのか、すでに包摂されている人たちで構成されている「社会」において誰が無視されているのか、「こんな人も排除されているのでは」「あんな人も排除されているのでは」と、人びとの関係の差異、断絶、否定性がかえって強調されてくるような気がするのだ。もちろん、何らかのシ

ステム、実践において、他に排除されている人はないかというチェックが不断に行われること自体に意義があることは言うまでもない。一方で、インクルーシブという概念がめざす社会像、実践を考えたときに、人びとの関係の差異、断絶だけを前提とした不断のチェックということ以上のメッセージも、そこにはあったのではないだろうか。特に「これこそインクルーシブな実践だ！」と思われるような現場に出会うとき、それは単にこれまで排除されてきた人びとが含まれているという意味でインクルーシブだと感動させられるわけではないのではないか。もっと人間という存在を根本的に捉えたときに、重要な視点に触れられているからこそ、その実践に魅せられるのではないだろうか。では、あらためて、インクルーシブとは、誰を包摂しようとしているのか ── 。

2 「存在論的ひきこもり」論から

　このことを考えるために、「ひきこもり」について興味深い発言を続けている評論家である芹沢俊介の「存在論的ひきこもり」論を紹介したい（芹沢, 2010）。芹沢は、通常考えられているような、「ひきこもり」を社会参加ができていないという意味で改善されるべき問題と捉えたり、本人が抱えるこころの問題として治療の対象とする「社会的ひきこもり」論の見方に異を唱える。「社会的ひきこもり」論は、ひきこもる当事者を何らかの否定性でもって捉えている。それゆえ、この見方は次の三つの事態を生んでしまう。まず、「ひきこもり」が社会的にあってはならない事態だという視点が留保される。次に、「ひきこもり」が治療の対象となることで、精神科医や専門家がその解決の主体となる。最後に、当事者やその家族には、「ひきこもり」という状態に対して自ら解決する力はないのだという無力感が強められる。ところが、そもそも「ひきこもり」は、存在への否定的なまなざしから自己存在を守り、生き延びるための手段として選ばれている。それゆえ、否定性でもって「ひきこもり」にあたる「社会的ひきこもり」論は、その否定性ゆえに、かえって「ひきこもり」の原因になったり、増やしたり、長期化させるというパラドックスがあるのだと芹沢は言う。

　ここで芹沢は、まず「ある」を軸にした幸福感を重視しようという。それは、モノやお金を「もつ」ことで得られるものでもなく、仕事など何かを「する」でも、何かが「できる」ことによって成り立つ幸福感でもない、「お互いがいま・ここに・共にいる」ということへの肯定がもたらす幸福感のことだ。そし

て、「ある」を軸にした幸福感の前では、ひきこもっている人とひきこもっていない人の間にひかれていた否定の境界線がいつのまにか崩れる。ここに、肯定性をもとにした人間関係がむすばれることになる。この肯定性をもとにした「ひきこもり」の見方が、「社会的ひきこもり論」に対して芹沢が論じる「存在論的ひきこもり」論だ。少し長くなるのだが、重要なので「存在論的ひきこもり」論の定義を引用する。

> ①引きこもることは、本人にとって切実な意味と動機をもった一連の行為、すなわちプロセスのある出来事であるということ。
> ②それゆえ、引きこもるという行為はそれがなくては本人が本人でなくなってしまう、そのような体験であるということ。
> ③したがって、引きこもるという経験は、本人の人生上の一時期を構成する不可避的、ないし必然的な一コマとして位置づけられること。
> ④それゆえ、引きこもることは捨てるべき不毛な否定的経験などではなく、逆に人生の次のステップへ進むための大切な基盤となりうるということ。
>
> （芹沢，2010，p.48）

　この「存在論的ひきこもり論」の定義は、「ひきこもる」という言葉を、社会において否定的な状態とまなざされている他の状態や、言葉に置き換えても、そのまま通ずる部分もあるのではないか。たとえば、現在、福島第一原子力発電所事故による放射能汚染から避難している人、特に自主避難をされている人はどうだろう。この「ひきこもる」を「自主避難する」に置き換えてみても、ほとんど同様のことがいえるのではないだろうか。自主避難することには、本人にとって切実な意味と動機があるし、それゆえに、自主避難するということができなければ本人が本人でなくなってしまう。そして、自主避難することは、原子力災害を前にして避けることのできない経験であり、それは否定的な経験（だけにとどまるの）ではなく、逆に人生の次のステップに進むための基盤となりうるのだ。あるいは「障害があること」「老いること」も同様に、ただ否定的な状態なのではなくて、それがなければ本人が本人でなくなってしまう体験だし、それは本人の人生にとって大切な基盤になっているだろう。

3 「する自己」と「ある自己」

　この「存在論的ひきこもり」論には、さらに自己に関する重要な視点がある。芹沢は、精神分析家のドナルド・ウィニコットの議論をもとにしながら、自己には「する自己」と、「ある自己」があるのだという。「する自己」（社会的自己）とは、何かを「している」、何かが「できる」、何かに「たずさわっている」、これらのことをもとに自分と社会を結びつけている自己のことである。引きこもることは、「する自己」からの撤退として理解できる。ではなぜ撤退するのか、それはその前に「ある自己」の危機があるからだ。「ある自己」とは存在のレベルでの自己のあり方だ。「ある自己」を成り立たせているのは、内なる「環境と他者」への信頼である。この「環境と他者」への信頼は、原初的には母子関係（主たる養育者との関係）において形成される。

　芹沢が依拠するウィニコットは、「子どもは誰かと一緒のとき、一人になれる」と一見矛盾することを言っている。子どもはある時期から、お母さん（のような一番身近な他者）が見てくれていると思うと、一人でいられるようになる。客観的には一人でいるわけではないのだが、一人でいられる気分を得るようになるのである。やがて、このお母さんの視線が内在化されたとき、子どもは初めて、お母さんがいなくても一人でいられるようになる。内なる「環境と他者」への信頼とは、ここで内面化された「一緒にいる」ことができる他者のことだ。この内面化された他者の視点が形成されるときに「ある自己」が誕生する。内なる「環境と他者」への信頼が、外部世界を受け入れる容器となり、子どもは母親以外のさまざまな人とコミュニケーションをとることが可能になっていく。ところが、外部世界から否定されるまなざしを浴び続けると、この外部世界を受け入れる容器が傷ついてしまう。内なる「環境と他者」への信頼が崩れるのだ。このように、ひきこもることは、外部世界からの否定的なまなざしによって「ある自己」（存在論的自己）がこれ以上傷つかないように、「する自己」（社会的自己）が撤退することである。このように考えると、「する自己」と「ある自己」は並列関係ではなくて、「ある自己」が基底にあり、その上に「する自己」がのっていることが分かる。

　芹沢は、「ある自己」の傷つきを再生するためには、その存在を全的に肯定してくれる「受けとめ手」がいることが重要だという。この「受けとめ手」は決して支援しようとするわけではない。支援は、対象を何らかの問題を抱えた人としてみているという意味で、否定性を根拠としているからだ。「受けとめ

手」はただ共に「いる」「すごす」、ときに共に食事をする（芹沢はしばしば共に食事をすることで得られる喜びを強調している）。そして、「ある自己」が再生していくことをじっくりと待つ。決して、「ひきこもり」から「引き出す」ことをしない。

このように考えてくると、冒頭の問い、インクルーシブは誰を包摂しようとしているのかの答えが見えてくるのではないか。障害があるか、年齢、性別はどうかといった視点は、何かを「している」、何かが「できる」、何かに「たずさわっている」などの社会との結びつきのあり方を問題にしているという点で、「する自己」の話である。インクルーシブが本質的に問題とし、包摂の対象としているのは、この「する自己」ではなく、さらにその基底をなしている「ある自己」のことではないだろうか。その人の存在の核となり、他者とのコミュニケーションの基盤になり、多様な「する自己」を支える、すべての人に備わっている「ある自己」を受けとめ、肯定しようというのがインクルーシブの本質にあるのではないだろうか。

4 「お酒おいしいの？」—— 「人として」の支援

冒頭に触れた「これこそがインクルーシブな実践だ！」と考えさせられるもののひとつに、亡くなられた黒田裕子さんのものがある。阪神・淡路大震災をきっかけに看護師の職をやめ、被災者に寄り添う活動を続けられた、日本の災害看護、ボランティアの原点にいる黒田さんがしばしば「人として」「被災者である前に人間」という言葉で強調していたことも、「する自己」である前の「ある自己」の受けとめのことを指していたのではないだろうか。黒田さんの実践にかかわりながら、その「人として」が意味するところを考えた三井さよの論考に、こんなエピソードが紹介されている（三井，2008）。黒田さんが仮設住宅で、アルコール依存症にあり、すでに肝臓に異常をきたしている男性に出会った。症状を考えると、これは待ったなしの状況であり、断酒が必要である。だが、いくら黒田さんが「お酒やめてよ」「そんなに飲むんだったらご飯食べて」と言っても耳を貸そうとしなかった。ところが、あるとき、黒田さんは、「自分が看護師になってしまっている」「上からものを言っている」と自ら感じ、「お酒やめてよ」と言うのをやめた。かわりに、「お酒、おいしいの？」と聞いてみたのだ。すると、男性から「そりゃおいしいわいな」と返事があった。その後「お酒飲みながらおつまみはされているの？」「つまみはめんどく

さくてせえへん」「でも肝臓が欲しがっているのと違うかな、そんなら一緒に何か作ろうか」と続けると、部屋の中に入れたのだという。

この論考の中で、三井は、仮設住宅あるいは復興住宅において、住民自身がドアを開けてくれなければ、ボランティアにできることは非常に少なくなるという意識が、当時のボランティアの中に徹底して植えつけられていったのだと書いている。アルコール依存の患者を支援するという枠組みの中では、お酒をやめてほしいというメッセージは、一見まっとうである。しかし、それではドアを開けてはもらえない。当時のボランティアは、ドアを前に立ち去るのでも、ドアを物理的にこじ開けるのでもなく、そのドアを開ける主体である住民に働きかけることを選んだのだという。三井はここに支援の両義性を見ている。支援には、一方で相手と自分を不可分なものとして捉え、相手の喜び悲しみもわがものとして捉える感覚がある。だからこそ、断酒してほしいと願う。一方で、「お酒、おいしいの？」とたずねることの中には、断酒こそがいま必要なことだと考える自らの前提を一度やめたということ、自身とは異なることを考えるかもしれない存在として受けとめること、つまり相手を他者として受けとめることが存在している。この自分と不可分でいて、同時に、他者であるという両義的な関係の中に身をおきながら、それでもかかわり続けようとするところに、三井は「人として」の支援をみている。

このように考えてみると、インクルーシブな社会は、素朴に「包摂されていないから包摂しよう」「課題があるから改善しよう」という方策だけでは、本質的には実現されないことが分かる。言いかえれば、一人ひとりの当事者にとって、自分の意志の及ばないところで包摂されるということは、決してインクルーシブであるとは言えないということだ。つまり、当該の問題に対する「当事者性」がインクルーシブであるということに不可欠な要件として存在しているということである。

以上のことをまとめると、インクルーシブが包摂しようとしているのは、すべての一人ひとりの存在のレベルにある「ある自己」のことである。それは、何かが「できる」かどうかという「する自己」に照準するだけではなく、その基底にあって、当人が生き生きと生きていられているかどうかという存在のレベルでの「ある自己」を支えるものでなくてはならない。そして、そこには「当事者性」が不可欠だということだ。

5 インクルーシブな防災・減災の実践

(1) 炊き出しとおにぎり

　さて、以上のように、インクルーシブであることを原理的に考察・整理した
うえで、防災・減災の具体的な実践のあり方を考えてみたい。ここでは、「炊
き出し」を例にとってみよう。「インクルーシブな炊き出し」と聞いて、次の
ような例を思い浮かべられるかもしれない。「まだまだアレルギーをもってい
る人への配慮は欠いているのではないか」「高齢者が増えてきたから、炊き出
しも高齢者に優しいものが必要とされるんじゃないか」、さらには「いやいや、
高齢者といっても人によって咀嚼できる程度は異なるんだから、きめ細やか
な嚥下食への配慮が必要では」……と。もちろん、これらは大変重要な視点で
ある。

　ところが、昨今の「炊き出し」の問題は、残念ながら以上のような視点のず
っと手前にある。本稿の前半を費やして長々とインクルーシブであるというこ
との本質とは何かを問うてきたことが、むしろ滑稽に映るような事態がそこに
ある。それはこのような事態だ。近年のいくつかの被災地において、避難所で
提供される食事がコンビニエンスストアなどのおにぎりになることがある。
「いやいや、災害直後は仕方がないのでは」という意見もあるだろう、しかし、
事態は異なる。場合によっては、ある時点までは、豊富な食材によって温かい
食事が供されていたのに、ある時を境に、急に食事が「おにぎり」に変貌する
のだ。

　途中から「おにぎり」に切り替わった例にはこのようなものがある。地震後
に避難所となったある学校でのことだ。ここは直後から近隣住民が積極的に助
けあい、見事な避難所運営をしてきたと注目された。地震のあったすぐその日
には、持ち寄ったお米で温かいご飯が炊かれ、ふるまわれていたという。その
後も、避難者である住民自身によって、持ち寄った食材や寄付された物資をつ
かって、野菜も豊富にふくまれた温かい食事が毎日供されていた。変化が起き
たのは、地震から約3週間後、学校が再開されようというときだった。学校再
開にあたって、まず個別配慮が必要な人びとが避難していた教室を明け渡す
こととなり、避難所内での引っ越しが行われた（「炊き出し」問題とは別に、こ
の学校再開にあたっての避難所再編も、近年の事例を思い出すと実は重要な問題で
ある。避難所運営が当初はうまくいっていたところでも、学校再開というタイミン

グで、急に丁寧さが欠け、排除されたり、路頭に迷う被災者が生まれる例が相次いでいる）。

そこで問題視されたのは、炊き出しで火を使うことだった。学校が再開されると、子どもたちが動き回るので、学校の敷地内で火を使うことは危険だ、だから炊き出しはやめてくれと行政から要請があった。炊き出しの代わりに、食事は行政で用意すると。同時に、学校以外の、公民館等の避難所においても、学校の避難所と不公平が出るといけないからという理由で、炊き出しをやめるようにとの要請があった。その結果、その地域ではすべての避難所に、住民自らによる炊き出しの代わりに、昼はおにぎり、夜は弁当が配られることになった。

おにぎりも弁当も、まずいわけではない。しかし、毎日では飽きてくる。栄養の偏りもあるし、弁当はどうしても油ものが多い。なかなか食事に手が伸びない人があらわれ始めた。また、自分たちでの炊き出しであれば、「温かいうちにどうぞ」と、集まって一緒に食事をとる風景が見られたのだが、食事より少し早い時間に段ボール箱で届けられるおにぎりや弁当では、それぞれが個別に受け取りにやってきて、一緒に食事をするという風景が減っていった。食事時のにぎわいが避難所から消えていったのである。このように、災害後の炊き出しが、何らかの理由で、おにぎりやお弁当続きになることは、この被災地に限らず、昨今の災害では残念ながらめずらしくなくなっている。

「法律で、避難所での食事は一人1,080円と決まっている」という発言は、しばしば被災地で耳にするものだが、災害救助法にそのような規程はなく、その運用基準が法律の中身と混同されていると津久井（2012）は指摘する。炊き出しが、おにぎりと弁当になってしまった背景には、前例に則って、この運用基準にそのまま従ったという事情がある。このように考えると、災害救助法を本来の法の目指すところに立ち返って徹底的に活用する方法を模索することや、運用基準を見直す、あるいはより抜本的な新たな法律の枠組みを提案することなどが解決策としてあげられるだろう。もちろん、これらのアプローチも重要なのだが、ここでは、インクルーシブが意味するところが何であったのかに立ち返って、そもそも炊き出しが腹を満たすこと以上の意味をもっていることを確認しておきたい。

被災することは、さまざまな社会的な関係が寸断されるという意味で「する自己」の傷つきだが、同時に、圧倒的な暴力によって内なる「環境と他者」への信頼が傷つくという意味で、存在のレベルでの「ある自己」の傷つきでもある。被災においては、自分が生きているということそのものが揺らぐ。このよ

うに考えると、被災者にとっての食、炊き出しには、腹を満たすという「機能」以上に、その「存在」を支えるという側面があるということ、その側面を見いだし、大切にすることが重要である。先述の芹沢の議論では、「ある自己」の傷つきを再生するのには、その存在を受けとめ、共に「いる」「すごす」ことが重要とあったが、その中で共に食事をとることも例としてあげられていた。共に食事をする「共食」は、類人猿において萌芽が見られるものの、基本的には動物の中で人間にだけ見られる現象であるといわれている。共に食事をすることは、人間が人間である所以にかかわるということだ。一人で食べていれば味気ない食事が、誰かととると途端に充実したものになることを私たちは経験的によく知っている。ここに、「炊き出し」に存在する、腹を満たすこと以上の意味がある。

(2) 「＋α」の発想

　このように考えると、インクルーシブな防災・減災の実践のコツが見えてくる。それは、何らかの事象を常に「モノ・コト＋α（プラスアルファ）」の発想で見てみるということだ。第5章でも、平時の取り組みに防災・減災活動を＋αすることを考えてみると平時の活動がすでに防災・減災活動に通ずるものであったことが分かると論じられるのだが、「＋α」で考えてみることは、活動を複眼的に眺めることでかえってその本質をあぶりだす効果的な思考法である。

　ここで、「モノ・コト」は、基本的に「する自己」にかかわるものである。たとえば、雨風を防ぐための「住居」も、ここにあたるだろう。しかし、「住居」は雨風を防ぐためのものだけではなく、そこにいると心の安静が得られたり、落ち着ける場所であったりもする。また、その周囲の環境も含めて、自らのアイデンティティと切っても切れない関係をもっている人だっているだろう。災害公営住宅への入居として客観的には「住宅」再建が終えたとされた後に、孤独死が相次いだ阪神・淡路大震災において、そもそも「住まい」とは何だったのかということが問われた背景には、このような一人ひとりの存在のレベルにかかわる「住居」「住まい」が念頭にあったのではないか。この「住居」を例にして分かるように、インクルーシブな防災・減災が対象とするものについて、常に「＋α」をつけて考えてみると、それがもっている「ある自己」の存在レベルへのかかわりを再考することができる。「仕事＋α」は、なりわい？「地域＋α」はふるさと？というように。ならば、「避難訓練＋α」はどうか。「ボランティア＋α」はどうだろう。このように連想してみると、誰もが〈助

かる〉社会につながる道筋が見えてくるはずだ。

文　献

三井さよ（2008）「「人として」の支援 ── 阪神・淡路大震災において「孤独」な生を支える」崎山治男・伊藤智樹・佐藤恵・三井さよ（編）『支援の社会学 ── 現場に向き合う思考』青弓社

芹沢俊介（2010）『「存在論的ひきこもり」論 ── わたしは「私」のために引きこもる』雲母書房

津久井進（2012）『大災害と法』岩波書店（岩波新書）

避難行動要支援者
名簿等の課題

福島真司

災害対策基本法により、避難行動要支援者（以下、要支援者と示す）名簿の作成が市町村に法定事項として義務づけられはしたが、その名簿の作成と提供という点において次の三つの課題がある。

一つめは、名簿登載の対象に知的障害者や精神障害者を登録対象外にしている自治体があったり、あるいは65歳単身世帯を無条件で登載しているケースも指摘されていたり、名簿登載精度に過不足が生じている。さらには、名簿上で単に単身高齢者ということから、本来は支援者として活動できる元気な高齢者が要支援者として登録されるケースや、他者からの支援がなければ移動そのものが困難な重度の知的障害者や重複障害者が、機械的な判断や要支援者個々の状態や居住している地域の実情に応じた補正がなされずに、当該市町の名簿への登録対象から漏れてしまっているケースもあるという。そして当事者自身の希望が十分に確認されていないことが最も重大な問題であるといえる。

二つめは、地域の避難支援等関係者が個人情報管理に嫌気して、市町村からの名簿の受け取りを拒否するケース

である。昨今の個人情報保護に関する過剰ともいえる報道や、過剰な個人主義を助長する考え方等により、民生委員協議会や支援団体が障害特性などを含む個人情報の受け取りを組織的に拒むケースや、災害時の支援活動に対して負担を感じる地域活動者が存在しているのは事実である。そこには当事者と支援者のつながりが不足しており、行政からのトップダウンによるお願いごと、または仕事となっており、支え合いの関係が成立していない。

三つめは行政が避難支援等関係者（自主防災組織等）に対して、予算・人員不足を理由に、避難行動要支援者名簿を丸投げして渡し切りにしているというケースもある。地域共生社会は地域だけで成り立つものではなく、行政と住民、事業者と住民の協働によって初めて成立するという意識を欠いていると言わざるを得ない。

以上の3点は当事者主体、当事者の視点から考えるという社会福祉の原点を見失い、当事者不在で取り組むことの弊害が顕著にあらわれているといえる。

また内閣府の指針で「取り組むべき事項」とされている個別計画策定とい

う点でも、個別支援計画が要支援者本人不在で作成されていたり、要支援者自身が自らの身を守るため主体的な行動をとることができるような視点や個々のケアマネジメントの視点が欠落しているとの指摘もある。

地域での要支援者を支援するためには、フォーマルな情報提供として、小地域の住民同士が普段から見守り活動を通して実態を把握しておくことが重要である。誰が日常生活や災害発生時にはどのような支援を必要としているのかを住民同士が日頃のお付き合い、互いの支え合いの中でしっかり伝えるとともに知っておくということ、互いの信頼関係に基づく人と人のつながりが、いざというときの支援につながるのである。

特に、少子高齢・人口減少の進行、暮らし方や働き方や個人の価値観が多様化している昨今、地域や家族・職場などでの支え合いや関係性が希薄化してきている都市部などでは、民生委員などの地域福祉関係者や行政との接点を自らと絶している貧困やひきこもりなどの要支援者についての情報把握は非常に難しい状況であるといえよう。その状況を打破するような人と人のつながりの再構築が求められている。

第 *3* 章

〈助かる〉社会に向けての諸課題

福島真司（1節）・石塚裕子（1・2節）・
寺本弘伸（3節）・加藤謙介（4節）

1 当事者から視てみる

(1) 「地域共生社会」への課題

　本格的な少子高齢社会、人口減少時代を迎え、地域や家庭、職場などにおける人と人の支え合いの基盤が弱まっていることを背景に、国は、これまでの社会保障制度の枠組を超えて、支え手と受け手という関係を超えた多様な主体の参画と連携による「地域共生社会」をめざすとしている。その「地域共生社会」の実現に向けては、①地域課題の解決力、②地域丸ごとのつながり、③地域を基盤とする包括的支援、④専門人材の四つの強化が必要という。

　国の取り組みとしては、「我が事・丸ごと」地域共生社会実現本部を設置し、地域力の強化と持続性を目的に「ニッポン一億総活躍プラン」を閣議決定した。具体的には「地域包括ケアシステム」を構築し、医療や介護分野における専門職間の連携をさらに推し進め、地域での受け皿としての家族・地域の支え合い機能に期待し、介護保険制度の要支援者向けのホームヘルプサービスとデイサービスを市町村の事業に移管し、そのサービスの担い手として地域住民のボランタリーな活動を活用しようというものである。

　このような、国の「公的な支援体制による地域課題の解決」から、「住民が主体的に地域課題を把握し住民同士で問題解決を試みることと、それを支援する公的な支援体制」への課題解決方法の変容は、これまで社会福祉の範囲の外とされていた住民主体のさまざまな活動が社会福祉というカテゴリーに包まれてゆく流れであるとみることができる。

　一方で、この国が掲げる「地域共生社会」という理念は、地域に対する公的

責任の無責任な転嫁ではないかと危惧されている。その理由は、地域のなかで総合相談支援の仕組みが、あたかも相談を受けてサービスを提供するだけのサービスマネジメントの仕組みとして捉えられている点であるという（牧里・川島，2018）。確かに全国で行われているモデル事業の内容をみても、ボランティア養成講座であったり、地域の見守り活動の推進事業であったりと、支え手としての役割のみを地域住民に期待しているかのように思われる。また、具体的な仕組みとして期待されている「地域包括ケアシステム」は、高齢者を主対象に医療分野を中心に進められておりサービスを提供する側である専門家が主体となって構築されようとしている。さらに地域住民が地域共生社会の当事者として意識を醸成していく機会として地域福祉計画や小地域の福祉活動計画の策定における参画が期待されているが、やはり支え手側から課題や問題を議論し、解決策を考えていくプロセスになりがちである。これまでの福祉コミュニティ論においても強い市民像が前提となっており、いわゆるマイノリティといわれる人たちが主体として参画でできているかという点では不十分と言わざるを得ないであろう。

⑵ 「地域共生社会」における当事者とは

　第2章で宮本は「インクルーシブが包摂しようとしているのは、すべての一人ひとりの存在のレベルにある「ある自己」のことである」とする。一人ひとりが生き生きと生きていられているかどうかという存在のレベルでの「ある自己」を支えるものでなくてはならず、そこには「当事者性」が不可欠だとした。同様に牧里ら（2018）は、地域住民が地域共生社会の実現に主体的に参画するということには二つの条件があるという。一つは人と人のつながりの中の「私」という存在の自覚、そしてもう一つは「人と人のつながりから誰かを排除するかもしれない『私』、人と人のつながりから排除されるかもしれない『私』」への自覚である。支援する−支援されるという支援関係として捉える前に、『私』という存在への自覚、地域住民一人ひとりの当事者性が必要であるといえる。

　地域で暮らす人たちは、高齢者、障害者、子ども、外国人といった個人属性によるカテゴリーや、生活困窮者、ひきこもりなど社会的属性によるカテゴリー、また災害時という非日常時には、平時のカテゴリーを超えて災害時要配慮者という分類をされることもある。これらのカテゴリーは、いわゆる支援される側の存在として認識はされてはいるが、地域の人と人とのつながりの中において当事者性がどれくらい確保されているのであろうか。

例えば、「生活困窮者」といわれている人びとの存在がある。日本には憲法が定める「健康で文化的な最低限度の生活」を保障する制度があり、世帯収入合計が国の定める最低生活費を下回る生活保護世帯には、不足分が保護費として支給されセーフティーネットとなっている。しかし、最低生活費を若干上回る収入や生活費に充当できる財産等があるが、病気や失業、介護等により就労できないなどにより生活に行き詰まった「生活困窮者」には2015（平成27）年まで支援制度がなく、長らく地域で認知されていない孤立した存在であった。また、「ひきこもり」と呼ばれる人びともいる。2019（平成31）年3月に内閣府が発表した満40〜64歳までの5000人を対象とした「生活状況に関する調査」からでは、中高年のひきこもりの推計値が63.1万人と発表され、「80歳代」の親が「50歳代」の子どもの生活を支える状況、いわゆる「8050（ハチマルゴウマル）」問題などと呼ばれはじめて認識は広まってはいるが、地域の中でひきこもりの人たちの実態は十分に認識されていないし、つながりは皆無に等しいといえるだろう。

　一方で、平成は災害の時代であったといわれるように1995（平成7）年の阪神・淡路大震災、2011（平成23）年の東日本大震災という未曾有の大災害を経験してきた。近年は毎年のように地震や風水害などの大規模な自然災害が各地で起こり、大きな被害が発生している。なかでも、2018（平成30）年7月に起きた西日本豪雨災害では、西日本を中心に全国的に記録的な大雨となり、河川の氾濫・浸水害・土砂災害が発生し、死者・行方明者多数となる甚大な災害となった。本章2節で石塚が詳述しているが、西日本豪雨災害はある程度予測できる進行型災害であり、浸水被害を免れることは難しくても命は〈助かる〉災害であった。しかし、多くの命を失う結果となり、災害時要配慮者は地域の中で当事者として十分に認識されていなかったことを示している。

　災害時は、平時の地域社会で、人と人のつながりの中に「私」という存在を自覚することが難しい人びと、例えば、障害者や高齢者にとりわけ大きな被害をもたらしている。また災害後の混乱期には、子どもたちは地域の中で見過ごされ気味であろう。そして災害をきっかけにして生活困窮に陥る住民のケースも少なくなく、災害時にはさまざまなカテゴリーの人びとが、地域の中で「私」という存在を自覚することが難しくなる。しかし、これまでは災害時であっても支援する側に立てる強い市民の観点から問題や課題が検討され、地域で暮らす多様な人びとの当事者性は十分には配慮されてこなかった。

　本章では、災害時を想定した地域において必ずしも主体性をもった当事者として十分に認識されてこなかった障害者、子ども、そしてペット（動物）とと

もに生活する人びとに着目し、当事者の目線から〈助かる〉社会の諸課題を掘り下げることにしたい。

2　災害と障害

　1995年の阪神・淡路大震災以来、災害が起こるたびに障害者、高齢者等の被災、避難、生活再建への配慮や支援の欠如が課題となる。そして障害者団体等からは悲痛な提言が毎回発信され、過去の教訓が生かされていないといわれている。なぜ、くり返されるのか。

　本節では、過去の災害時における高齢者、障害者等の被害の実態を確認し、日ごろからさまざまな"障害"を経験している障害当事者が災害対応にどのような提言をしてきたか、その変遷を紹介する。そのうえで誰もが〈助かる〉社会では災害時における"障害"をどのように考えるべきか考察する。

(1)　過去の災害における高齢者、障害者の被害実態

　過去の主な災害における死者数に60歳以上の高齢者の占める割合は、阪神・淡路大震災で約58パーセント（内閣府，2011）、新潟県中越地震では約69パーセント（消防庁，2009）、東日本大震災では約55パーセント（内閣府，2011）と常に高い割合を占める。また、東日本大震災では、岩手、宮城、福島3県における全人口に占める死亡率は1.1パーセントであったのに対し、障害者手帳交付者の死亡率は1.9パーセントと、約2倍であったことが明らかになった（立木，2013）。

　阪神・淡路大震災では、高齢であることが死亡の直接の要因ではなく、耐震性能の低い老朽化した住宅が地震に暴露された結果、そこに住まわざるを得なかった人びとを死に至らしめたという社会の脆弱性が要因であることが明らかになっている（立木，2015）。また、建物の倒壊や火災、津波などによる直接的な被害ではなく、その後の避難生活での体調悪化や過労など間接的な原因で死亡する災害関連死の死者数は、その多くを高齢者が占める。東日本大震災における震災関連死者数は3,723人（2019年3月31日現在）であり、その約89パーセントを66歳以上の高齢者が占めている（復興庁，2019）。そして、2018年7月に起こった西日本豪雨災害では、被災地のひとつである倉敷市真備町において、亡くなった51人のうち、45人（約88パーセント）が65歳以上であり、要介護・要支援者は19人と約3分の1を占めた。また、身体障害者は12人

（23.1パーセント）と報告され（岡山県，2019）、65歳以下の死亡者6名のうち、2名（親子）は知的障害者・児であった（NHK，2018）。さらに家屋内で亡くなった43人（約84パーセント）中42人が1階で亡くなっていた。筆者は亡くなった方の家屋を2018年9月から12月にかけて訪れたが、当人の住宅は平屋の家屋が約半数であり、近隣の家屋はほとんどが2階建てである。この事実が示すのは、自宅の2階への垂直避難、隣家への避難すらもできずに多くの高齢者、障害者が亡くなったということである（石塚・東，2019）。

　日本は災害大国といわれ、さまざまな防災対策にお金も時間も人もかけて長年、取り組んできたはずである。阪神・淡路大震災以降は、自主防災組織など地域コミュニティでの防災活動の重要性も謳われてきた。しかし、高齢者や障害者といった社会的弱者に被害が集中する状況は変わっていない。これまでの取り組みで何が不足していたのか、災害が起こるたびに被害が集中する障害当事者の声から確認してみよう。

⑵　災害を経験した障害当事者の声

　阪神・淡路大震災のときには、安否確認や被災状況の確認もなく、障害者らは、その存在すら認識されずにいた"語られない存在"（野崎，2015）であったと言う。そして、地域で自立生活する障害者への公的な支援制度が充分ではなく、行政からの援助が得られない中で、小規模作業所、ボランティアよる安否確認、生活支援活動が展開された。その経験に基づき、障害者団体、福祉事業所などは全国的なネットワークを活用し、被災地に支援者の派遣を行うようになり、被災障害者に必要な資金を提供する「ゆめ風基金」が創設された。そして、それらの活動経験に基づき、災害が起こるたびに緊急提言を発してきた。1995年の阪神・淡路大震災、2011年の東日本大震災、2016年の熊本地震の発災後に発信された提言を整理分析した（石塚，2019）。提言内容は、避難行動、避難所、避難後の支援、仮設住宅、復興住宅、日常の取り組みの6項目に分類し、筆者が原文を一部抜粋、要約している（巻末付録1参照）。

　避難所は、阪神・淡路大震災から改善されたとは言い難く、障害者が避難することが想定されていない状況に改善はみられない。「福祉避難所を一次避難所として開設されるように（熊本）」と提言されているが、現行制度では福祉避難所は二次避難所であり、行政が避難者を把握したうえで適切な避難所に避難者を振り分けることになっている。行政が避難所で生じている障害を個人に帰結させて管理し、判断する仕組みになっているのである。また、避難後の生活支援として、当事者主体による障害者支援センターの設置、避難所における

ヘルパー等のサービス利用の担保、移動支援が必要であると提言されているが、認知度は低く、未だに公的な支援は不足している。

　仮設住宅、復興住宅についても、避難所と同様にまったく改善されていない。「障害者だけでなく誰もが安全安心して暮らせるバリアフリーを基本とすること（熊本）」など毎回、同じ提言が発せられてきたが、災害救助法に基づく面積や費用の基準目安等が制約となり改善が進まなかった（内閣府は、2017年4月に仮設住宅の面積目安の廃止、建設費も2倍の基準に改訂したが、土地の確保などの制約から現在も改善されたとは言い難い状況が続く）。そして、同じ失敗を繰り返さないために「条例・規則等の見直し、策定段階で障害者の参画を保証すること（阪神）」、「要援護者防災計画は、障害者を中心に関係者が参画して作成すること（熊本）」など提言されている。そのキーワードは障害当事者の参画である。自立生活運動のスローガン "Nothing about us without us（私たち抜きで私たちのことを決めないで）" と、被災した障害当事者らはメッセージを発し続けているのである。

　近年、災害時の障害者の存在は認知され、避難行動要支援者名簿の作成などの施策にも取り組まれているが、多くの課題は四半世紀を経ても改善されていない。その要因は、災害の取り組みに障害当事者が不在であるということではないだろうか。阪神・淡路大震災では、障害当事者たちが作ったネットワークの力と、自主的なボランティア活動が、新しい市民社会の芽を作り出したといい、"障害者市民活動" と呼ばれている。そして、「障害者は『救援される』『保護される』存在ではない。障害者が地域で積極的に復活・救援活動をする主人公なんだ」という（大賀，2000）。しかし、この障害者市民の力を防災に役立てること、障害者市民の知恵と経験に学ぶ機会が不足していたため、改善されぬまま時ばかりが過ぎ、災害が起こるたびに高齢者や障害者が助からない社会であり続けたのではないだろうか。

(3)　災害時の "障害" とは何か

　被災した障害当事者の声を踏まえ、災害時の "障害" とは何かを再考したい。まずは、国ではどのように捉えているのか見ていこう。災害時要援護者の避難支援ガイドライン（2006）では「災害時要援護者とは、必要な情報を迅速かつ的確に把握し、災害から自らを守るために安全な場所に避難するなどの災害時に一連の行動をとるのに支援を要する人びとをいい、一般的に高齢者、障害者、外国人、乳幼児、妊婦等があげられる。災害時要援護者は新しい環境への適応能力が不十分であるため、災害による住環境への変化への対応や、避難行

動、避難所での困難を来すが、<u>必要なときに必要な支援が適切に受けられれば自立した生活を送ることが可能である</u>（下線は筆者）」と定義されている。「必要なときに必要な支援が適切に受けられれば」という、障害の社会モデルの概念が援用されたといわれている（立木，2015）。

障害の社会モデルとは、イギリスの障害者運動から生まれた考え方で、身体的（精神的・知的を含む）制約を「機能制約（インペアメント impairment）」、社会での差別や偏見、社会環境のバリアを「障害（ディスアビリティ disability）」と呼び明確に区別する。そして、障害者が経験するさまざまな"障害"は、社会が多数派（マジョリティ）である健常者を標準に社会を構成していることに起因し、個人の疾患やそれに伴う機能制約とは第一義的な因果関係はないと考える。さらに、原因が社会側にあるならば、"障害"は解消可能性を持ち、その解消にあたっての責任も社会に帰属するという（星加，2007）。

社会的責任として、災害の"障害"の解消に向けて、個別支援計画をはじめ、さまざまな取り組みが進められている。しかし、高齢者や障害者に被害が集中することで、災害時の"障害"は高齢者や障害者の固有課題とし、社会側の課題としての解決には至らない負のスパイラルに陥ってはいないか。必要なときに必要な支援が適切に受けられなければ、被災者の誰もが"障害"を受けるということを認識しなくてはならない。

実際に、熊本地震では、避難行動要支援者名簿には対象とならないような、平時は福祉サービスを受けずに自立生活を送っていた軽度の精神、知的障害者らが、災害後の環境変化により"障害"を受けて、さまざまな支援を要した（石塚，2017）。また、災害でけがをした人、避難所で体調を崩した人、心理的に回復できない人など、すべての被災者が災害時に"障害"を受ける可能性があり、災害時の"障害"には「流動性（多様性）」と「共感性」を持つという特徴があると考える。最終節では、誰もが〈助かる〉社会では災害時における"障害"をどのように考えるべきか考察していく。

⑷ 誰もが〈助かる〉社会における災害時の"障害"

アメリカ障害学の父といわれるエミール・ゾラは「障害の普遍化」が必要だという。これは、人は体験したこと、その立場に立たないと人は他人を理解できないという認識論に立ち、すべての人を「障害者」の立場に立たせようというものだ。それを実現するには、高齢者や"潜在的な障害者"との連帯、連続性を求め、当事者の自己決定権を強めることが大切だという（杉野，2007）。

しかし、高齢者をはじめ、多くの人は多少、身体に不自由であっても、自身

は障害者であると主張する人は少ない。そのような中で、誰もが"障害"を受ける可能性があり、要配慮者になるかもしれないと比較的容易に想像できる災害や防災活動の場において、多様な人びとによる避難訓練をはじめとするまちづくりの場面は「障害の普遍化」を進める絶好の機会に成りえる可能性を秘めているといえるだろう。

　災害時の"障害"をある高齢者や障害者といったカテゴリーに帰属させるのではなく、すべての被災者の共通の課題として捉え、多様な人びとが、多様な視点から解決策を考え、相互に浸透するプロセスが必要である。そのためには、前節で述べた「障害当事者の参画」が必要であり、多様な当事者が客体としての参加ではなく、主体的にかかわることが求められる。当事者研究を研究するする熊谷は、「少数派同士の分かち合いの場が奪われているという社会的排除の問題を、個人の問題にすり替えている」といい、健常者向けにデザインされた言語のために、少数派の意思が抑制され排除されているという（熊谷,2017）。

　このため、少数であっても同じカテゴリーに所属する者同士が、苦労を分かち合うための言語を獲得し、それぞれが表出できること。そして、少数派のカテゴリーが違いを認めたうえでなお、つながることで、当事者が主体的にまちづくりにかかわることができる状況になるのではないだろうか。ゾラも障害者同士が差異よりも類似に着目するような組織化戦略として「メンバーシップは部分的でもアイデンティティは共通」という方法を提案している。そして、すべての人が何らかの疾患や障害とは無縁ではいられないこと、そして、すべての人が潜在的には同じニーズを抱えているという「ニーズの潜在性」を訴えていくことが必要だという（杉野,2007）。

　一方で、重度の知的障害者のサポートを行う夏目は、「当事者主体というのは、大切な思想だが、重度の知的障害者の場合は、その思想をどのように実践していけばよいのかという点で、困難が伴う。障害学の「社会モデル」では行き詰まってしまう存在。主体的選択ではなく、パターナリズムかもしれないが、ことばなきことばを聴きとるための配慮が必要ではないか」という指摘がある（夏目,2012）。

　障害者や被災者は、さまざまな"障害"を経験した者だからこそ、当事者性を持ち、ことばなき言葉を聴きとることができるのではないだろうか。"障害"を経験した者の声、声なき声を聴きとった声に耳を傾け、多数派も少数派もカテゴリーを越えてゆるやかな連帯が構築できたとき、誰もが〈助かる〉社会をつくることができるのではないかと期待している。

3　災害と子ども ── 一緒に遊ぶことからはじめよう

　1995（平成7）年1月17日、阪神・淡路大震災が発生。当時神戸市内で働いていた筆者は、地震の影響により休職となった時間を利用し、被災地で何か手伝えることはないかと考えた。大学時代に大阪でキャンプリーダーとして子どもたちとかかわった経験を活かし、何か子どもの支援ができないかと考えていたところ、2月に入り、兵庫県レクリエーション協会がレク・ボランティアセンターを立ち上げるにともない臨時スタッフを募集するとの情報が入った。早速応募した結果、スタッフとして活動することとなった。ここで考えた活動が「遊び出前隊」というものであった。この「遊び出前隊」の活動が原点となり、この活動で体験したことや得た教訓が、その後の災害においても子ども支援の活動に生かされてきたと感じている。

　本稿では、まず、この「遊び出前隊」発足の経緯や活動内容、課題をふりかえり、次に、阪神・淡路大震災以降の災害における子ども支援のかかわりを紹介する。さらに、復興段階における子どもの主体的かかわりについて考察し、最後に、災害時における子ども支援のあり方についての考察を通じて、誰もが〈助かる〉社会へ向けて、災害と子どもについて整理を試みていきたいと思う。

(1)　「遊び出前隊」の活動と課題

　1995年の阪神・淡路大震災では、兵庫県内で甚大な被害が発生した。当時筆者が勤めていた職場が被災して休職状態になったため、「遊び出前隊」を立ち上げ、空いた時間を利用して子どもの支援活動にかかわることとなった。この「遊び出前隊」を立ち上げた経緯は、災害直後に西宮で避難所となった小学校などでボランティアとして手伝っていたときに、子どもたちが支援から取り残されているのではないかと感じたのが大きなきっかけとなった。避難所の中は被災者であふれていて、校庭も車やテントなどで一杯、子どもたちが自由に遊べるような空間や雰囲気などはどこにもなかった。また、保護者は子どもにかまっている時間的、精神的余裕もないような状態だった。このような状況を目にして、大人の支援も必要だが、子どもの支援も必要ではないかと感じた。そこで、子どもたちを対象に、子どもたちにとって大切な遊びを通じて、少しでも元気になってもらいたいという思いから、この「遊び出前隊」を立ち上げることとなった。

　2月上旬にまず被災地での子どもたちの状況把握を行った。主に神戸市、芦

屋市、西宮市などの避難所などを訪問し、保護者から子どもたちの地震以降の様子を尋ねていった。「余震が怖くて家に帰りたくないと言っている」「サイレンの音を聞くと泣き出す」「親に引っついて離れない」「暴力的な言葉を吐くようになった」「子どもにかまっている余裕がない」など、たくさんの声を聞くことができた。これらの声をもとに、遊びによる子ども支援の必要性をあらためて実感した。活動内容は、インディアカやターゲットバードゴルフなどのニュースポーツ用具を中心に、サッカーボールやドッチボール、あるいは、コマやお手玉など昔遊び用具などを車一杯に積み込んで避難所の小学校や公園などに出向いていき、レクリエーションリーダーにボランティア（以下、レクボランティアという）としてご協力いただきながら、子どもと思いっきり遊ぶといった活動であった。

　神戸市灘区の小学校の避難所を訪問したときのことだが、校庭には子どもたちの姿はまったくなかった。そこで、体育館や教室などをまわり、その場にいた子どもたちに「遊び用具をたくさん持ってきたので一緒に校庭で遊ばない？」と声をかけてまわった。すると数名の子どもたちが、興味深そうに校庭に集まってきた。さっそくレクボランティアとターゲットバードゴルフやサッカーボールなどを使って遊びが始まった。しかし、傍観している子どもたちも多くいた。学校の先生でも、地域の住民でもない我々が、突然「一緒に遊ぼう」といっても、警戒心を抱くのはある意味当然のことであった。このままではダメだと思い、何かいい方策はないかとメンバーと一緒に考えたが、すぐに名案は思い浮かばなかった。だが、何回か訪問を重ねると子どもたちも心を開いて一緒に遊んでくれるようになるのではないかと考えた。なるべく同じメンバーが同じ場所を訪問するよう方針を立てた。回数を重ねていくうちに、子どもたちの参加人数はだんだん多くなってきた。参加人数が増えてきたということはある意味良かったが、その一方で問題も表面化してきた。遊んでいる最中に、一部の子どもたちがレクボランティアに対して、暴言を吐いたり、叩いたり蹴ったりする行動がみられるようになった。以前の子どもたちの生活態度を把握していなかったので、このときは、ただ子どもたちの行動を見守っていただけであった。しかし、少し気になったので遊びが終わった後、保護者に聞いてみると、「うちの子は、震災前にはこんなことはなかった」と口をそろえた。我々は専門家ではなかったので、子どもたちの心理的な部分はわからなかったが、遊びの活動を通じて子どもたちの様子を見守っていくこととした。いまから思えば臨床心理士やカウンセラーなどとの連携があれば、もっと違ったアプローチの仕方があったのかもしれない。

⑵　阪神・淡路大震災以降の災害時子ども支援

　ここでは2007（平成19）年の新潟県中越沖地震と2016（平成28）年の熊本地震における子ども支援について紹介していきたい。

　2007年7月16日に発生した新潟県中越沖地震では、柏崎市や刈羽村において震度6強の強い揺れにより多くの家屋で倒壊や半壊など多数の被害が発生した。震災から数日後に柏崎市と刈羽村を訪問した。まず、災害ボランティアセンターに立ち寄り、被災状況やボランティアの受け入れなどについて確認を行った。刈羽村では被災者からなかなかニーズがあがって来ないということだったので、まずはボランティアと被災している家を一軒一軒依頼を聞いてまわった。「何かお手伝いすることはありませんか？」と尋ねても、「大丈夫です」という返事しか返って来なかった。これではいけないと思い、次に地元の自治会役員の方に一緒にまわってもらうと、「じゃ、家の中の壊れ物を片付けてほしい」という声が上がるようになってきた。阪神・淡路大震災での子どもたちの反応と似ているが、見知らぬよそ者は信頼関係がないが故に、受け入れてもらいにくいということにすぐに気がついた。一方で子どもたちの状況も気になっていたので、避難所も訪問してみた。この活動にあたっては、関西学院大学の学生ボランティアと一緒に活動を行うこととした。学生にかかわってもらった理由としては、日頃から子どもたちと接していて感じることだが、教師でもなく、親でもなく、しかも、子どもたちと年齢が近い学生は、自分のお兄ちゃんお姉ちゃんという存在として、気兼ねすることなく遊びやすいと確信を持っていたからである。多くの子どもたちは、学生ボランティアとかくれんぼや追いかけっこなどを一緒に遊んでいたが、遊びの輪の中に入ってこられない子どもたちもいた。そうした子どもを見つけては、こっそり子どものそばに行き、声掛けをして遊びに誘うのだが、反応はさまざまだった。集団には入れないが一対一であれば遊びだす子ども、動くのが嫌でお絵かきがしたいと言って室内に移動して遊ぶ子ども、あるいは、今日は遊ぶのは嫌だからと言ってただただ傍観している子ども、といった具合だった。子どもたち一人ひとりの家庭の被災状況は違うし、個人の性格やその日の気分なども違う。支援者側の思いだけではいけないと思うと同時に、子どもたちにとっての「遊び」の必要性についても考えるきっかけとなった。

　2016年4月14日と16日、熊本地震が発生した。14日が本震かと思われたが、2日後の16日が本震となり、15日から現地入りした筆者は本震を熊本市内のホテルで経験することになる。最初に訪問したのは震度7の激しい揺れに二度

も襲われた益城町であった。益城町役場を中心に周辺地域が甚大な被害を受けており、まず被災家庭をまわると同時に、役場や社会福祉協議会、避難所になっていた総合体育館のある総合運動公園などへ向かった。総合体育館へ行くとすでに多くの被災者が避難していた。町から管理運営を任されていた熊本YMCAの職員の指示を受けて救援物資の配布を手伝った。翌16日に再度この施設を訪問したが、夜中の本震を受けてか、前日以上に避難者であふれていた。最も人数を収容できる体育館が、天井の崩落のため使用できず、施設内の部屋や廊下は被災者で一杯になっていた。また、駐車場に停めた車の中にもたくさんの被災者が避難している状況であった。筆者は所属団体の理事らと共に、子どもの支援活動にもかかわることとなった。まず、ゴールデンウィーク以降に何度かこの総合運動公園に足を運び、地元の活動の手伝いをするとともに、スペースだけを借りて自前でプレーパーク（冒険遊び場）という、子どもたちが「自分の責任で自由に遊ぶ」というコンセプトで遊びの活動を実施した。このときに大切にしたいと思ったことはこれまでの活動の経験から、①子どもたちが自由に思いっきり遊ぶことができる空間を作ること。②中長期的な支援を想定し、なるべく地元の学生にかかわってもらうこと。の2点だった。子ども支援の内容ではないが、総合運動公園で子どもによる面白い取り組みがあったので紹介したいと思う。仮設トイレが駐車場横などにたくさん設置された。日数が経過するにつれ、トイレ内が相当汚れてきていてかなり気になっていた。するとある日、避難していた小学生の子どもたちがチームを組んで、自主的にトイレ内に「きれいに使ってください」という文字をイラスト入りの紙に書いて貼り出していた。それ以降、トイレの汚れは一気にきれいになっていったと聞いた。子どもボランティアである。災害ボランティアといえば大人が連想されるが、小学生であっても十分できる活動があると思った。加えて、避難所の運営は、行政や施設管理者、先生やボランティアが運営していくことが当たり前だと思っている方も多いと思うが、避難者も可能な限り避難所運営にかかわっていくという意識が大切であることを、今回の小学生の自主的な取り組みを通してあらためて考えさせられた。

(3) 復興段階における子どもの主体的かかわり

　子どもたちが復興の段階で、主体的にかかわった事例を紹介しておきたい。2011（平成23）年東日本大震災において、日本ユニセフ協会が企業や大学などと連携して「子どもにやさしい復興計画　実施プロジェクト」という取り組みを行った。

震災や津波、原発事故により大きな被害を受けた福島県相馬市で、市教育委員会の発意により「相馬の子どもが考える東日本大震災」というテーマで発表会を開催し、子どもたち自身が意見を交換し、課題を明らかにするとともに、相馬市の未来についても考える場を提供した。それが基となり、2012（平成24）年には「ふるさと相馬子ども復興会議」に発展、相馬市内の小学校10校、中学校5校の子どもたちが、総合学習の時間を使い、ふるさと相馬市の現状の課題や将来の姿などを話し合うこととなり、市の復興計画にも取り入れられた。

　また、2011年5月には、子ども環境学会において「東日本大震災復興プラン国際提案協議『知恵と夢』の支援」コンペが開催された。子どもから専門家まで国内外の500名を超える応募者から寄せられたアイデアの中から最優秀賞に選ばれたのは、竹中工務店の「子どもと築く復興まちづくり」で、2012年から具体的なプログラムが実施された。その一つに、宮城県仙台市立七郷小学校の6年生が、10〜15年後のまちを考え、模型で表現するというプログラムがあったが、2015（平成27）年3月の第3回国連防災世界会議において、この取り組みが子どもたちによって発表された。

　このような事例を考察すると、復興は必ずしも大人や専門家だけで進めていくものなのかという疑問が湧いてくる。子どもたちも将来のまちを担う市民である。大人だけではなく、子どもたちの視点も、復興段階で取り入れていくことがきわめて重要であると考える。

⑷　災害時子ども支援のあり方

　これまで「遊び出前隊」や「プレーパーク」など、災害時における子ども支援について、「遊び」という行為を通じて考察を試みてきた。そこで、一つの疑問が浮かび上がる。それは、子どもたちにとってなぜ「遊び」が必要か？ということである。オランダの歴史学者、ヨハン・ホイジンガは著書『ホモ・ルーデンス』の中で、「あそびは人間活動の本質である」と唱えている。子どもにとって遊びは、食べたり飲んだり眠ったりといった、人間の生命を維持する行為と同じように大切である。また、心理学者のピーター・グレイは、子どもにとって遊びの必要性を五つに分けて紹介している。

　　①「遊び」は子どもたちが自分のアイデンティティを形成したり、自分が興
　　　味関心を持つものを見つけることに役立つ
　　②子どもたちは遊びを通じて「決定を下し、問題を解決し、自己制御を行い、
　　　ルールに従う」ということを最初に学ぶ

③子どもは遊びの中で「怒り」や「恐怖」などの感情を扱うことを学ぶ
④遊びは子どもたちが友だちを作り、「平等」について学ぶ絶好の機会である
⑤最も重要なのは「遊び」が幸福の源泉であるということ

　子どもの発達にとって、遊びはなくてはならないものである。子どもは遊ぶことによって、社会性を学んだり、危険を回避する術などを学んだりしていく。子どもは大人が想像する以上に、人生にとって大切なことを「遊び」を通じて自ら獲得していくといえるのではないだろうか。そして、子どもの遊び環境には、四つの要素があるといわれている。遊び時間、遊び空間、遊び集団、遊び方法、である。このどれが欠けても子どもの遊びは成立しない。では、災害時にあてはめてみると、日常とは少し様子が変わってくる。遊ぶ時間は不規則になり、遊ぶ空間は確保するのが難しくなり、遊ぶ仲間はバラバラになってしまう。それに加え、子どもを取り巻く環境の変化、例えば、家庭や学校など生活環境の変化によって、子どもたちに心身的なストレスがかかってくる。特に、家族や親族、友達などを失った場合には、喪失感は大人が想像する以上に子どもの内面に影響を与えている場合がある。災害は大人だけではなく、子どもにも心と身体に大きな打撃をもたらす。子ども支援について考える場合、もちろん、被災体験という日常とは違いがあることは前提であり、配慮が必要となるケースは、大人以上にあるのかもしれない。ただ、専門家でないとできないのかというと、そうではないと思う。実際、「遊び出前隊」の活動では、遊びの回数を重ねていくうちに子どもたちに笑顔が増えてくる場面を何度も見てきた。保護者からもうれしい変化の言葉をいただいた。子どもにとって「遊び」の力を実感してきた。災害と子どもを考える場合に、「遊び」は大切なキーワードになるであろう。しかし、残念なことに、まわりの大人たちが子どもの遊びには関心を示さなかったり、理解をしてもらえず、子どもたちが遊ぶことができなかったケースがあるのも事実である。支援者側には、プログラムの企画や運営、リスク管理などの能力が求められるのはもちろんだが、まわりの大人に子どもの遊びに対する配慮や理解を促していく努力も怠ってはいけない。また、熊本地震の子どもボランティアが示しているように、子どもは支援を受ける対象になるだけではなく、支援する側にもまわれること忘れてはいけない。事実、阪神・淡路大震災でも中学生や高校生などが、断水状態の中で、エレベーターのないアパートの3階・4階に住んでいた高齢者宅に水を運んだことはよく知られている話である。支援する側と支援される側の区別は、あまり意味がないのかもしれない。

誰もが〈助かる〉社会を考えていく場合、日頃から地域社会全体に子どもも
コミュニティの大切な一員であるという認識をもってもらい、地域の行事など
でも、子どもが参加できるプログラムの実施、できれば、企画の段階から子ど
もたちにも参加してもらい、子ども自身で考え判断し、行動していける環境を
整備するのが大人の大切な役割であろう。子どもは役割が与えられると、思い
もよらないところで急に力を発揮する場合がよくある。まずは、子どもたちの
思いを聞いて、一緒に遊ぶことからはじめよう。子どもたちの能力を信じて。

4　災害とペット

⑴　「人とペットの減災」の視点へ

　災害時に「誰もが〈助かる〉社会」を目指すとき、その「誰もが」に含まれ
る存在に、「ペット（家庭動物）」がある。現代の日本社会では、ペットは飼育
者の家族に「包摂」される一方、地域社会などでは、しばしばトラブルの要因
として「排除」の対象となりうる。このペットをめぐる「包摂／排除」の両義
性の問題が先鋭化する場面が、災害である。

　災害時のペット支援に関しては、過去30余年の災害事例の中でさまざまな
議論が重ねられている（加藤，2013）。近年では、東日本大震災（2011年）で
の甚大な被害を受け、「災害時におけるペットの救護対策ガイドライン」（環境
省，2013）が策定され、特に「同行避難」（災害発生時に、飼い主が飼育してい
るペットを同行し、避難場所まで安全に避難すること。同行避難は避難所での人と
ペットの同居を意味するものではない：環境省，2013，p.5）という語が注目さ
れた。さらに、熊本地震（2016年）を踏まえ、災害時には、飼育者とペット
の関係それ自体を重視する議論が深まり、上記ガイドラインが「人とペットの
災害対策ガイドライン」（環境省，2018a）として改訂された。

　2018（平成30）年版ガイドラインでは、同行避難等の用語があらためて整
理されるとともに、「災害時の対応は飼い主による『自助』が基本」（環境省，
2018a，pp.7-8）であることが強調されている。また、同ガイドライン〈一般
飼い主編〉（環境省，2018b）では、冒頭に「同行避難のフロー図」が掲げられ、
発災直後の避難行動から避難所他での避難生活に至るまで、飼育者が直面する
であろう意思決定のプロセスが明示されている（環境省，2018b，pp.6-7）。
「人とペットの災害対策」に、発災初期の短期間とはいえ、災害サイクルと減

災を示唆する視点が含まれているのは、画期的であるといえるだろう。

　このように、「人とペットの災害対策」では、飼育者の自助が強調されているが、被災者個々人の自己責任の範疇を超える事態が発生するのが、災害である。そのひとつが「被災のイクスクルージョン」（栗原，2015）であり、典型的には、同行避難後の被災者とペットが避難所等から排除される事態である。

　もちろん、平井（2016）が「動物防災の3R」として丁寧に論じているように、災害時にペット飼育者への対応のみが優先されるべきというのは誤りである。避難所は、住居を失った老若男女・障老病異（渡辺，2015）等、ペットが間近にいる避難生活に耐えられない被災者も身を寄せる。被災後の地域社会において、ペット飼育者を含め、被災者の誰もが排除されることなく、安心して生きていける「居場所」（森川，2013）を築くこと、その包摂のあり方が重要な課題となる。その際、災害サイクルに応じた課題に適切な改善策が講じられるとともに、一人ひとりが当事者としての主体性を確保しうる減災の視点が求められる（矢守・宮本，2016）。このように、災害サイクルの展開過程において、飼育者・非飼育者双方を排除せず、ともに安心して生きていける「居場所」の構築を目指す減災のあり方を、本稿では、「人とペットの減災」と呼ぶことにしよう。

(2)　熊本地震における「人とペットの減災」

　さて、ペット問題が注目された災害のひとつに、2016（平成28）年熊本地震がある。この地震では、2016年4月14日と4月16日の2回にわたって震度7の激震が発生し、熊本県・大分県を中心に甚大な被害が生じた。特に震源となった熊本県益城町周辺ではほとんどの住民が被災し、発災から4年8か月以上を経た現在（2020年12月末時点）でも、未だ多くの被災者が、災害公営住宅や仮設住宅等での生活を余儀なくされている。

　筆者は、2016年4月16日の「本震」直後より、益城町内の避難所・仮設団地を中心に、ペット連れの被災者および現地支援者との恊働的実践を重ねてきた。本稿では、これまでの筆者の記録をもとに、益城町総合運動公園避難所およびテクノ仮設団地における「人とペットの減災」の展開過程の特徴を紹介する。なお、各事例の詳細については、加藤（2017，2018）も参照されたい。

●益城町総合運動公園避難所における「同行避難」の経緯

　益城町総合運動公園は、被災地内で最も激甚な被害を受けた地域にあり、「本震」直後は、避難所となった運動公園に1000人を超える避難者が身を寄せた。その中には、ペットとともに同行避難した被災者の姿も多く見られた。

避難所では、発災後しばらくの間、施設内でのペット同居が容認され、犬十数頭・猫数頭が飼育された。しかし、後に出会った被災者の中には、他の避難者への気兼ねやトラブル等から、館内でのペット同居を早々にあきらめ、車中泊や自主避難等の生活を選んだ人も少なくなかった。地震により避難所施設にも大きな被害があったため、館内ではペット飼育者・非飼育者が混在し、かなり過密な環境となっていた。施設内のペットは避難者の個人スペース内で適切に飼育管理され、周囲の避難者とも概ね良好な関係が築かれていたが、飼育者らは、他の避難者に迷惑がかからないよう、相当に気を遣っている様子が見受けられた。

避難所において、飼育者らはペットとの避難生活での自助に努めてきたが、長期化する避難生活に伴うさまざまな問題により、益城町では、5月半ばをもって避難所施設内でのペット同居が禁止されることとなった。これを受け、官民協働の「いぬネコ家族プロジェクト」が発足し、避難所敷地内に、被災者のペット（犬・猫）の一時預かり施設「益城町わんにゃんハウス」（以下、わんにゃんハウス）が建設され、5月15日より供用が開始された。度重なる状況の変化に、強い不安を訴える飼育者も少なくなかったが、支援者らにより、利用者の心情を踏まえたさまざまなサポートが行われることとなった。

●「益城町わんにゃんハウス」での支援

わんにゃんハウスでのペットの飼育管理は、避難所で生活する飼育者自身が行うこととなり、ハウス利用者の互助組織として「いぬネコ家族会」も結成された。あわせて、専従スタッフ数名が、日中、施設に常駐し、利用者のペット飼育に対して支援が行われた。

わんにゃんハウスは、犬舎2棟・猫舎1棟からなるプレハブ施設で、避難所施設本体から離れた場所に設置された（図1a）。プレハブ内は冷暖房完備で、個別の犬猫のケージが設けられ、最大で犬35頭・猫15頭が飼育可能であった（図1b）。また、建物に隣接して屋根付のドッグランが設けられた。

これらの住環境支援に加えて、専従スタッフやボランティアらによって、飼育者とそのペットに対してさまざまなサポートが行われた。最も基本的なものは、犬猫に関する知識・技術を有した専従スタッフによる、避難ペットの飼い方指導と飼育補助であった（例：犬のケージ・トレーニング、散歩時のマナー、犬猫や施設の衛生管理等の助言・指導、犬猫のストレスケア）（図1c）。こうした支援は、施設利用そのものに不安を募らせていた利用者に信頼感・安心感を抱かせるとともに、避難生活での無用なペットトラブルの予防につながり、ハウス開設以降、避難所内で、ペットに関する苦情が寄せられることはなくなった

a　益城町わんにゃんハウス全景

b　犬舎内ケージの様子

c　ドッグランでの犬のストレスケア

d　「第1回いぬネコ家族写真展」

図1　益城町わんにゃんハウスにおける支援
（すべて筆者撮影、b～d 出典：加藤，2018）

という。

　加えて、外部ボランティアによっても、個々のペットのためのさまざまな支援活動が重ねられた（例：トリマーによる犬猫の衛生管理、プロのイラストレーターによる犬猫の似顔絵等）。筆者も、発災直後から継続していた避難ペットの写真撮影・贈与をもとに、関係各所の協力により、避難所施設内にて、避難ペットの写真展「第1回いぬネコ家族写真展」を開催することができた（図1d）。このような支援の場を通して、ハウスを利用する被災者同士、そして被災者と支援者との間で交流が深められた。その結果、利用者らは、2016年10月末の避難所閉鎖まで、ペットとの生活をつつがなく終えることとなった。

●テクノ仮設団地における「人とペットの共生まちづくり」

　益城町内の避難所閉鎖後、被災者の多くは仮設住宅へと転居した。同町の仮設団地ではペットの屋内飼育が認められ、飼育者は、ペット飼育のルールと共に、「飼い主の会」を作ってペット問題に対処するよう、行政より文書で指示された。しかし、516戸・約1300人が入居したテクノ仮設団地では、問題対

a　「わんわんマナーアップ大作戦」

b　犬のマナー教室

c　わんにゃんバンダナを着けた犬たち

d　「わんにゃんバンダナ」の制作風景

図2　益城町テクノ仮設団地における「人とペットの共生まちづくり」
(すべて筆者撮影、出典：加藤、2018)

処のための自治会作りから難航した。「飼い主の会」も作られず、ペットによる住民間トラブルや、狭小・過密で不慣れな住環境で飼育する悩みの声が寄せられた。そこで、わんにゃんハウスから縁のできたテクノ仮設団地のペット飼育者有志、現地支援者と筆者らが協働で、「人とペットの共生まちづくり」を掲げた企画を進めることとなった。本稿では、代表的な企画である「わんわんマナーアップ大作戦」の実践過程を整理しよう。

「わんわんマナーアップ大作戦」（図2a）は、「家庭犬インストラクターによる犬の飼育マナー講座」「飼い犬同伴の仮設団地内のゴミ拾い」「交流会」の3部構成からなる。マナー講座では、仮設住宅での犬飼育の注意事項や飼育マナー等の講義・実演が行われた（図2b）。飼い犬同伴のゴミ拾いでは、おそろいの「ゴミ袋」と「犬用バンダナ」（図2c）を携え、仮設団地内のゴミ・フン拾いが実施された（図2a）。交流会では、参加者同士の親睦・情報交換が図られるとともに、ペットの迷子札やペット表札等の共同制作も行われた。同企画は、

2016年11月以降これまでに10回開催され、各回でペット飼育者・非飼育者あわせて20〜30名の参加があった。

　イベントが継続される中で、10数名が常連となり、中にはペットの死後も参加を続ける住民もあった。また、自発的なフン掃除など、参加者のマナー意識の向上も見られた。こうした飼育者有志主体の実践は他の住民からも好意的に評価され、ペット飼育そのものに対する批判の声は収まることとなった。加えて、「わんにゃんバンダナ」等の「ペットのマナーグッズ」を、飼育者・非飼育者が共同制作するイベントも行われるようになった（図2d）。自治会会議からは、ペット問題へのクレームがしばしば寄せられたが、その都度問題を整理し、イベントを通しての対処が進められた。これらの実践を重ねることで、ペット・飼育者・非飼育者それぞれが、幸いにも大きなトラブルなく、4年以上の仮設団地での生活を終えることができた。

⑶　「人とペットの減災」と「防災・減災3.0」

　本稿で紹介した「人とペットの減災」の事例では、被災者（飼育者−ペット）の自助だけでは対応しきれない、避難所・仮設団地コミュニティにおける「包摂／排除」の問題、そして共助の困難が課題として示された。これらの事例から示唆される「防災・減災3.0」の萌芽について、2点を整理しよう。

　第一に、「助ける−助けられる」関係の再考である。本稿で検討した支援対象の中心は、ペットであった。避難所・仮設団地の二つのコミュニティで、多様な支援者らと、何より飼育者自身が、ペットを「助ける」ために尽力し、被災生活においてペットは、終始「助けられる」存在となった。しかし、飼育者らは、厳しい被災生活の中で最後までペットを慈しみ、「ペットに助けられた」「ペットがいて助かった」と口々に語った。ペットは、何もせずただ被災者の傍らにいるだけにもかかわらず、だからこそ、「助ける−助けられる」という二分法的関係を超えた存在となっていた。このような「無条件のco-presence」（鷲田, 1999）を具現化した関係が「人とペットの減災」の中心にあることは、自己責任論的な「助ける−助けられる」関係を超えた減災のあり方を示唆しているといえるだろう。

　第二に、「インクルーシブ」のあり方である。災害を機に何度も再編を余儀なくされる被災地コミュニティでは、包摂と排除が表裏一体となり、難しい判断に迫られる。「益城町わんにゃんハウス」は、避難所コミュニティから物理的に距離をとって飼育者−ペットコミュニティが再構築され、そこで自助・互助・共助が展開したことで、「包摂／排除」をめぐる困難を解消された。一方、

仮設団地での「人とペットの共生まちづくり」の事例では、仮設団地コミュニティ内に、住民であるペット飼育者有志を中心とする実践共同体（レイヴ＆ウェンガー，1993）が展開した。特に「飼い犬同伴のゴミ拾い」「マナーグッズの共同制作」「クレームとその対応」などを通して、非飼育者を含む多様な仮設団地住民の「参加」に開かれていたことに特徴がある。「インクルーシブ」が、全てを単一のコミュニティ内に包摂するのではなく、多様なコミュニティの「つながり方」を改善する実践であることが、本稿の事例から示されているといえるだろう。

文　献

[1節]

朝日新聞（2018年8月8日）「犠牲51人、8割超が1階部分で発見　真備町の豪雨被害」

兵庫県社会福祉協議会（2018）「「地域共生社会づくり」に向けた対応の方向性 —— 平成29年度地域福祉政策研究会中間まとめ」．https://www.hyogo-wel.or.jp/dl/h29matome.pdf（2019/11/25情報取得）

兵庫県社会福祉協議会（2018）「兵庫県地域福祉支援計画改定に向けた論点 —— 兵庫県における「地域共生社会」実現に向けた提言」．https://www.hyogo-wel.or.jp/dl/teigen.pdf（2019/11/25情報取得）

厚生労働省（n.d.）「地域包括ケアシステム」https://www.mhlw.go.jp/stf/seisakunitsuite/bunya/hukushi_kaigo/kaigo_koureisha/chiiki-houkatsu/（2019/11/25情報取得）

厚生労働省（2019）「ひきこもり対策推進事業」．https://www.mhlw.go.jp/stf/seisakunitsuite/bunya/hukushi_kaigo/seikatsuhogo/hikikomori/index.html（2019/11/25情報取得）

牧里毎治・川島ゆり子（2018）「2017年学界回顧と展望 地域福祉部門」『社会福祉学』59(3)，192-215.

内閣府（2013）「避難行動要支援者の避難行動支援に関する取組指針」．http://www.bousai.go.jp/taisaku/hisaisyagyousei/youengosya/h25/hinansien.html（2019/11/25情報取得）

[2節]

復興庁（2019）「東日本大震災における震災関連死の死者数（平成30年9月30日現在調査結果）」https://www.reconstruction.go.jp/topics/main-cat2/sub-cat2-6/20181228_kanrenshi.pdf（2019/11/25情報取得）

星加良司（2007）『障害とは何か——ディスアビリティの社会理論に向けて』生活書院

石塚裕子（2017）「熊本地震における身体障害者の避難の実態と課題 —— 障害者との

協働調査より」『福祉のまちづくり研究』*19*(1)，26-30.

石塚裕子（2019）「災害と障害 —— インクルーシブな防災を実現するための視座」『福祉のまちづくり研究』*21*(3)，1-12.

石塚裕子・東俊裕（2019）「進行型災害における障害者の避難行動の実態と課題 —— 倉敷市真備町を事例に」『日本福祉のまちづくり学会第22回全国大会発表概要集』（CD-ROM）.

熊谷晋一郎（2017）「当事者研究がめざす言葉・知識・価値のバリアフリー」『日本福祉のまちづくり学会セミナー「障害者の理解」配布資料』.

内閣府（2011）「東日本大震災と阪神・淡路大震災における死者数（年齢階層別・男女別）」『平成23年版防災白書』http://www.bousai.go.jp/kaigirep/hakusho/h23/bousai2011/html/honbun/2b_sanko_siryo_06.htm （2019/11/25情報取得）

夏目尚（2012）「脱能力主義、脱近代、脱主体の思想を —— 重度知的障害者の施設職員として障害学に期待する」堀正嗣（編）『共生の障害学 —— 排除と隔離を超えて』明石書店

NHK（2018）「ハートネットTV（2018年10月29日放送）」

野﨑泰伸（2015）「阪神・淡路大震災での障害者支援が提起するもの」天田城介・渡辺克典（編著）『大震災の生存学』青弓社

大賀重太郎（2000）「震災からみたバリアフリー」『教育と医学』*48*(12)，72-76.

岡山県（2019）「平成30年7月豪雨災害検証報告書」http://www.pref.okayama.jp/uploaded/life/601705_5031910_misc.pdf

災害時要援護者の避難対策に関する検討会（2006）「災害時要援護者の避難支援ガイドライン」http://www.bousai.go.jp/taisaku/youengo/060328/pdf/hinanguide.pdf （2019/11/25情報取得）

消防庁（2009）「平成16年（2004年）新潟県中越地震（確定報）」https://www.fdma.go.jp/disaster/info/assets/post335.pdf （2019/11/25情報取得）

杉野昭博（2007）『障害学 —— 理論形成と射程』（pp.101-112）．東京大学出版会.

立木茂雄（2013）「高齢者、障害者と東日本大震災 —— 災害時要援護者避難の実態と課題」『消防科学と情報』*111*，7-15.

立木茂雄（2015）「災害時の高齢者や障害者などへの対応 —— 阪神・淡路から東日本大震災までの対応の展開と今後の見通し」『翔べフェニックスⅡ —— 防災・減災社会の構築』（pp.193-230）．公益財団法人ひょうご震災記念21世紀研究機構

[3節]

グレイ，P.（2018）『遊びが学びに欠かせないわけ —— 自立した学び手を育てる』（吉田新一郎，訳）．築地書館

ホイジンガ，J.（2018）『ホモ・ルーデンス —— 文化のもつ遊びの要素についてのある定義づけの試み』（里見元一郎，訳）．講談社（講談社学術文庫）

日本ユニセフ協会（2016）「子どもにやさしい復興計画」https://www.unicef.or.jp/kinkyu/japan/activity/plan.html （2019/11/25情報取得）

仙田満（1992）『子どもとあそび —— 環境建築家の眼』岩波書店（岩波新書）

冨永良喜（2012）『大災害と子どもの心 —— どう向き合い支えるか』岩波書店（岩波ブックレット）

[4節]

平井潤子（2016）「動物防災の3R —— 準備と避難と責任と」特定非営利活動法人アナイス

環境省（2013）「災害時におけるペットの救護対策ガイドライン」https://www.env.go.jp/nature/dobutsu/aigo/2_data/pamph/h2506.html（2019/11/25情報取得）

環境省（2018a）「人とペットの災害対策ガイドライン」https://www.env.go.jp/nature/dobutsu/aigo/2_data/pamph/h3002.html（2019/11/25情報取得）

環境省（2018b）「災害、あなたとペットは大丈夫？ —— 人とペットの災害対策ガイドライン〈一般飼い主編〉」https://www.env.go.jp/nature/dobutsu/aigo/2_data/pamph/h3009a.html（2019/11/25情報取得）

加藤謙介（2013）「「災害時におけるペット救援」に関する予備的考察 —— 先行研究の概観及び新聞記事の量的分析より」『九州保健福祉大学研究紀要』(14)，1-11.

加藤謙介（2017）「平成28年熊本地震における「ペット同行避難」に関する予備的考察 —— 益城町総合運動公園避難所の事例より」『九州保健福祉大学研究紀要』(18)，33-44.

加藤謙介（2018）「平成28年熊本地震と「人とペットの減災」 —— 「包摂／排除」の視点から」『21世紀ひょうご』(24)，40-51.

栗原彬（2015）「大震災・原発災害の生存学 —— 生存のための身振り」天田城介・渡辺克典（編著）『大震災の生存学』(pp.21-43)．青弓社

レイヴ, J. &ウェンガー, E.（1993）『状況に埋め込まれた学習 —— 正統的周辺参加』（佐伯胖，訳）産業図書. [Lave, J. & Wenger, E. (1991) Situated learning: Legitimate peripheral participation. Cambridge: Cambridge University Press.]

森川すいめい（2013）『漂流老人ホームレス社会』朝日新聞出版社

鷲田清一（1999）『〈聴く〉ことの力 —— 臨床哲学試論』TBSブリタニカ

渡辺克典（2015）「はじめに」天田城介・渡辺克典（編著）『大震災の生存学』(pp.11-20)．青弓社

山田昌弘（2004）『家族ペット —— やすらぐ相手は、あなただけ』サンマーク出版

矢守克也・宮本匠（編）（2016）『現場でつくる減災学 —— 共同実践の五つのフロンティア』新曜社

災害時の備えとなる
ユニバーサルツーリズム

鞍本長利

避難所は「第二の被災地」

　1995（平成7）年1月17日、私たち
の町・神戸を襲った阪神・淡路大震災。
私と私の家族は被害の大きかった神戸
市長田区で被災した。なんとか命は助
かったが、重度の障害のある娘二人が
避難所で生活するには場所も支援も物
資も不足し、生きていける環境ではな
かった。そこで、娘が通う神戸市立垂
水養護学校の教室に「垂水障害者支援
センター」を立ち上げ、重度の障害者
と全国から駆けつけたボランティアと
ともに144日にわたる集団避難生活を
送った。

　障害者は日常生活でさまざまな問題
（移動・食事・入浴・介助等）を抱えて
いるが、災害時にはさらなる困難に見
舞われる。障害者の親として、障害者
たちの日常活動を支援してきたスタッ
フとして、私はこのときに身をもって
学んだ。たとえば、肢体障害者の場合
は、避難所に指定された場所まで移動
できない。移動できたとしても避難所
でのトイレ、入浴の問題がある。嚥下
機能の制約がある人のきざみ食やペー
スト食に対応できない食事の問題も深
刻だった。視覚障害者や聴覚障害者へ
の情報提供は難しく、知的・精神障害

者への支援体制はさらに遅れた。

　その後に続く東日本大震災や熊本地
震においても、障害者が同じ問題を抱
えたまま取り残されていく状況が繰り
返されている。支援制度は徐々に充実
してきているが、それは支援側の理屈
のみで画一的に進められ、当事者の意
見や思いが考慮されることなく、多く
の問題が残されたままである。障害者
にとって避難所は「第二の被災地」と
いわれているのだ（藤井，2019）。

障害者との接点不足

　高齢社会白書によると65歳以上の
人口は3,558万人で総人口の28.1パ
ーセントに上る（内閣府，2019a）。一
方、障害者白書では、何らかの障害の
ある人たちは、身体障害者436万人・
知的障害者108万人・精神障害者419
万人で、総人口の7.6パーセントであ
る（内閣府，2019b）。高齢化の影響も
あり、そのうちの95パーセントは中
途障害者（厚生労働省，2006）であり、
誰もが年をとり高齢者になることと同
様に、誰もが障害者になりうることを
示している。にもかかわらず、自分が
障害者になることを想像すらできない
のではないだろうか。そのことが、ハ
ードのバリアに加えて、障害者を受け

57

入れない、迷惑だと感じさせる心のバリアが未だに解消されていない現実を生んでいる。ひいては、仮設住宅や災害公営住宅において、災害弱者といわれ続けてきた人たちの尊い命を守れない状況につながっているのではないだろうか。

心のバリアを生む大きな原因はまだある。圧倒的多数の人たちが、日常生活において障害者との接点を持つ機会がないことだ。多くの人たちは日常生活において障害者との接点がないから、障害者の困りごとが分からない。分からない人たちでつくる社会構造は、多くの問題や課題を生み出していく。それらが災害時に顕著に浮かび上がってくるのである。

課題解決に向け、いま何が求められ、何が必要とされているのか。障害者の視点から、私たちのつくり出した社会を注意深く意識してみることが必要であると同時に、これらの問題解決に向けた取り組みの重要性と目的を共有し、地域住民と行政がこれから抱える自ら

の問題として、より具体的に共に動き出すことが急がれる。

その解決の鍵として、NPO法人ウィズアス（神戸ユニバーサルツーリズムセンター）が取り組む二つの事業を紹介する。

ユニバーサルツーリズム

NPO法人ウィズアスは障害者自身が運営に携わる就労継続支援事業の一つとして、ユニバーサルツーリズムに取り組んでいる。ユニバーサルツーリズムとは、障害の有無にかかわらず、高齢者も障害者も、介助する家族も一緒に楽しむ旅を創り出すものである。旅先（訪問先）で必要な支援や介助（移動・入浴・排泄・食事等）は現地の支援者・介助者につなぐため、発地（住む場所）から介助者を同行させる従来の旅ではなく、旅費の負担軽減にもなる。この取り組みがもたらすものはそれだけではない。

旅行中に困ったことに関するアンケート調査結果（図1）によれば、障害者は、「入浴」「移動」「排泄」の順で、

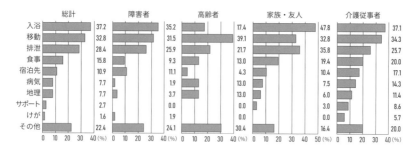

図1　旅行時の困りごと（神戸ユニバーサルツーリズムセンター，2006年調べ）

高齢者は、「移動」「排泄」「入浴」の順となる。一方、家族・友人、介護従事者は、1位「入浴」に変わりはないが、家族・知人は2位に「排泄」があげられ、介護従事者の2位は「移動」となっている。グラフの総計から、旅をサポートするサービスは、「入浴」「移動」「排泄」「食事」を基礎とする必要が読み取れる。そして、これらの困りごと、必要な支援は、災害時と共通しているのである。

ユニバーサルツーリズムでは、訪れた町のさまざまな機能（移動・観光・宿泊・食事・介助等）がつながること、ネットワークされていることが重要な鍵となる。平時にユニバーサルツーリズムを推進し、地域のネットワークを構築しておくことは、障害者の旅の支援に限定されることなく、災害時においても障害者をはじめすべての被災者の支援活動に有効に機能する。

障害当事者による情報発信

もう一つの活動としてユニバーサルな町の情報を発信する情報紙『びと』の発行（季刊1万部 A4フルカラー16頁）がある。障害当事者が記者となり、町に出かけて取材をして記事を書く。

情報紙『びと』が一つのツールとなり、作成プロセスを通じて、町の店舗や観光施設で従事する人など、これまで障害者と接点のなかった人たちが障害者とつながっていく。つながることで、多くの人たちが障害者の視点で考え始め、自らの店や施設や町を障害者

の視点で見始める。その大きなきっかけを障害当事者が担っていることが大切である。

段差のあった店にスロープが付き、通路が広くなっていく。毎日のように利用する地下鉄の駅員やバスの運転手が、障害者と接点を持つことによって、少しずつ変わっていくのである。いや！　変えられていくのである。

人にやさしいまちをめざして

災害に対する危機意識は地域によって温度差がある。しかし、超高齢社会である日本において、インクルーシブな防災・減災は喫緊の課題である。ユニバーサルツーリズムを単に観光や旅という切り口だけでなく、障害の有無にかかわらず、地域住民が主体となって互いに支え合う関係づくりとしてとらえ、災害時にも役立つ地域のネットワークづくりとして推進してみてはいかがだろうか。この地域ネットワークこそが「誰もが〈助かる〉社会」への構築に向けて不可欠であると考える。

取り組むうえで大切なことは、先に紹介した情報誌『びと』のように、障害当事者が取り組みのきっかけとなること、障害者と、そうではない多数の人との接点を生み出すこと、そして障害の有無にかかわらず共に楽しむ仲間になることである。

文　献

藤井克徳（2019）「災害時における障害者支援を考える」映画「星に語りて〜

Starry Sky〜」上映会＆クロストーク
（バリアフリー上映）での発言．第58
回バリアフリー推進勉強会

厚生労働省（2006）『身体障害児・者等
実態調査』

鞍本長利・佐藤耕寿（編）（1995）『障害
者たちの144日 —— 阪神・淡路大震災
と集団避難生活』えんぴつの家・ライ
フデイケア「垂水障害者支援センター」

内閣府（2019a）『令和元年版 高齢社会
白書』

内閣府（2019b）『令和元年版 障害者白
書』

第4章

「助かった」とはどういうことか？

矢守克也

1 「助かった」と口走るとき

　思わず、「助かった」と、口にしたくなることがある。たとえば、家族で、泊まりがけで海水浴に行ったその夜、地震と津波が襲ってきた。しかし、想定されていたものよりも津波の規模が小さくて、「助かった」。宿泊したホテルがたまたま高台の避難所の近くで、「助かった」。通りがかりの近隣住民が暗闇のなか「こっちだよ」と声をかけてくれたので、「助かった」。以前、ふと思い立ってバッグに忍ばせておいた小型ライトが役立ち、「助かった」——。

　「助かった」という完了形には、重要な意味がある。この場合、完了形は、何らかの不特定の存在によってあらかじめそうなることが定められていた、というニュアンスをもっている。つまり、「助かった」原因や理由は、自分自身を含めた特定の人間の意志・責任には帰属できないか、または、一見帰属できそうな場合でも、あたかも、それが天の配剤、神の恩寵、望外の僥倖として既定していたことであるかのようにあらわれていることが、完了形によって示唆されている。最後の小型ライトについても、自身がその存在を半ば忘れていたという点が重要である。このとき、このライトは、むろん本人がかつて準備したものだが、あたかも自分ならざる存在が自分にそれを前もって準備させしめていたという形式で当事者に理解されている。

　言いかえれば、「助かった」は、自分を含めた特定の人間による自覚的な意志や計画によって何か好ましい事態が実現した場合ではなく、むしろ、偶然に左右されるはずの幸運が、なぜかあらかじめ設定されていたと感じるような場合に、口をついて出てくるフレーズなのである。「助かった」というあり方は、たとえば、「自治体には住民の命を守るために避難場所を設置する義務がある」

（自治体は「助け」、住民は「助けられる」：いわゆる公助）、「地域社会で、どの災害時要支援者をだれが救助するのか決めておくのがよい」（支援者は「助け」、要支援者は「助けられる」：いわゆる共助）、「避難訓練を繰り返し、自分の命は自分で守りましょう」（自分が自分を「助ける」、自分が自分によって「助けられる」：いわゆる自助）のように、「助ける－助けられる」という「能動 対 受動」の構造ではなく、「中動態」（國分，2017）の構造を呈している。

「中動態」は、國分功一郎氏の著作（國分，2017）を通して論壇で大きな話題となり、哲学・思想の領域だけでなく、福祉、看護、精神医療など多くの実践的な領域に、いまもなお多大な影響を与えている。そのような著作を、しかも決して平明とは言えない内容をもった著作の全容を正確にとらえる力量は筆者にはない。しかし、上で述べた問題意識、すなわち、「助かった」に見られる独特の様式にかかわる限りで、同書の主張の中核部分を読み解くことならできるように思う。なお、この点については、「逃げる」ことについて、中動態論をもとに考察した矢守（2019a）も参照されたい。

同書が主張していることは、要するに、意志（私が助けるという意志とか）や責任（逃げる自由もあったのに、逃げなかったのはあなたの責任だとか）という思考の構えは出来事や行為の本質を逸している、ということである。あらゆる出来事や行為について、その原因となる意志や責任の帰属先、言いかえれば、能動性の帰属点となる個人（と同時に、帰属点とならない、つまり受動性しかもたない個人）を同定しようとする思考の構えは、本当はおかしい。

ところが、日本語を含む多くの現代言語が、「私は逃げません」とか、「消防団に助けられた」とかいった能動態・受動態の文体しかもっていないために、私たちは、どうしても「能動 対 受動」の枠組みで世界を見てしまう。しかし、本当は、能動でも受動でもない行為のあり方があるのではないか。それが見えなくなっているのは、言いかえれば、行為を「能動 対 受動」という視角からしかとらえられないのは、出来事や行為の本来のあり方をより適切に表現していた「中動態」という文体を、私たちが遠い過去に失ってしまったからだといえる。

以上が、筆者なりの中動態論の要約である。國分（2017）は、古代ギリシア語などに、実際に、能動態でも受動態でもない中動態という態（middle voice）があったこと、また、他ならぬ日本語でも、たとえば、「れる、られる」がもつとされる四つの意味のうち、特に「自発」に中動態の性質が色濃く残存していることを言語学的に明らかにしている。さらに、スピノザ、ハンナ・アレント、ミシェル・フーコーなどの思想をたどって、能動的な意志を中

核に据えた行為論の限界や課題を暴き出していく。その作業を逐一追うことは本稿の守備範囲を超えるので、同書の要約はここで終えて、「助かった」に特化した議論に戻ろう。

　「能動 対 受動」の構造では、特定のだれかが「助け」、特定のだれかが「助けられる」ので、必然的に、それに関する意志・責任が焦点化される。実際、「避難は住民主体でやってもらわないと困る」「いや、災害時要支援者を助ける仕組みを役所が整備すべきだ」といったやりとりや、さらに進んで、イタリアのラクイラ地震災害（2009年）や東日本大震災（2011年）の津波避難をめぐる裁判事例を見れば、防災・減災の分野で、この意味での意志・責任が、近年とみに注目されていることがわかる。「自己責任論」が大手を振るコンプライアンス社会（日常生活の隅々にまで、コンプライアンス、すなわち、法令や規範の遵守を求める傾向性が浸透した社会のことで、マニュアル化やリスク管理の徹底とも軌を一にする）の息苦しさも、常にだれか（どこか）に意志・責任を帰属しようとする風潮に由来している。それに対して、「中動態」論は、「助かった」という状態が、自ずと ── 特にだれか特定の人間の意志や責任に拠ることなく ── 実現することがある点に注目する。

　しかし、それにしても、どうすれば、「助かった」というあり方を実現できるのか。「助かった」が、天の配剤、神の恩寵、望外の僥倖に由来するのであれば、何らかの意図的な工夫によってそれを実現しようとすることは、論理矛盾であり自家撞着なのではないか。意志できないことをどうすれば意志できるかを問うていることになるからである。本稿では、それでも、この困難な課題に挑戦していると見なしうる事例、言いかえれば、「助ける－助けられる」ではなく、「助かった」という様相で防災活動（具体的には、避難）を実現させていると評価できる事例を二つ紹介する。

2　「津波てんでんこ」

　「津波てんでんこ」（矢守，2012；Yamori, 2014）は東北・三陸地方に古くから存在する言葉だが、東日本大震災における津波避難上の課題を受けて、社会的に大きな注目を集めた。この言葉は、ふつう、「津波のときは、家族も恋人もない、みながてんでばらばらに高地に迅速に避難すべし、それだけが身を守る方法だ」という意味だと理解されている。この原則それ自体に大きな誤りがあるわけではない。だが、これを「自助」（自分で自分の身を守ること）のた

めの原則だととらえると、この教えの肝心な部分をつかまえ損ねることになる。上掲の論文で示したように、筆者の考えでは、「津波てんでんこ」は、少なくとも四つの意味・機能が盛り込まれた重層的な原則である。具体的には、第一に、自助原則の強調と促進、しかし、それだけではなく、第二に、他者避難の促進、第三に、相互信頼の事前醸成、最後に、生存者の自責感の低減、である。

　ここで注目したいのは、第三の意味・機能として指摘した点である。この相互信頼の事前醸成は、そのベースに、次のような非常に重要な関係構造をもっている。片田（2012）がしばしば例示として使う親子のケースを引くなら、「お父さん、お母さんがてんでんこに逃げてくれないと、ボクたちも逃げることができない」という関係構造である。言いかえれば、親が、「お父さん、お母さんも、自宅や職場の方で、てんでんこに逃げるから、あなたも、学校で、てんでんこに逃げて」と子どもに約束し、親はその約束をたしかに実現してくれると子の側が信じることができるから、ボクたちも逃げることができるという構造である。だから、一見、子（自分）の主体的・能動的な避難と見える「津波てんでんこ」に依拠した避難行動も、実は、親（他者）から与えられた避難の確約とそれに基づく指示（「あなたも逃げて」）によって、従属的・受動的に引き起こされていると見ることもできる。このような約束を、子（自分）が親（他者）と積極的に交わしている点に着目すれば、子（自分）が親（他者）に対する受動的従属それ自体を主体的・能動的に選びとったと言うことも、もちろん可能である。

　しかも、いま、子に定位して（子を自分として）見てきたことが、そっくりそのまま、親の方に定位して（親の方を自分として位置づけて）もいえる点が大切である。すなわち、「津波てんでんこ」をめぐる能動と受動の錯綜した相互反射関係が、子と親の間で、さらに二重化され、もはや、単純な「能動 対 受動」の構造にあるとは言えない状況が形成されているのだ。

　以上を踏まえると、次の重要な結論が導かれる。「津波てんでんこ」は、「自分の命は自分で守る、これが原則です」という意味に解釈され、その点に注目して、「こんな自己中心的な、非情な姿勢は望ましくない」という趣旨の批判が向けられることがしばしばある。つまり、「てんでんこ」は、「助ける」（あるいは、「助けられる」）ことを放棄しているのではないか、というわけである。しかし、よく考えてみると、そうではない一面が「てんでんこ」には潜んでいる。それは、「助ける－助けられる」（「能動 対 受動」）の構図から「助かった」（中動態）の構図への移行を促すという一面である。「津波てんでんこ」の原則に立脚して、各自が事前の約束通りそれぞれに避難することを通じて、結果と

して、親も子もみなが実際に「助かる」（人命が守られる）という帰結が得られるし、そのとき、関係者たちは「自分は好き勝手に逃げた、でも、親の方もまた（あるいは、子の方もまた）しっかり逃げてくれていて、"助かった"」と感覚することになる。表面にあらわれた「助ける－助けられる」の見かけ上の放棄は、「助かった」というあり方を深層で実現させるための巧みな工夫だと見ることもできる。

3 「全体的スローダウン」

　社会の「全体的スローダウン」とは、単発の情報だけで避難を直接的に制御しようとせず、社会全体の災害に対する待機レベルをじんわりと引き上げるアプローチ、逆にいえば、日常生活のペースを「全体的にスローダウン」させることによって間接的に効果的な避難を導こうとするアプローチのことである（矢守，2020）。たとえば、台風接近時など、鉄道会社の「計画運休」や計画的な間引き運転を契機として、社会活動が図らずもスローダウンすることがある。交通機関が万全ではなく職員を確保できない保育所やデイサービス施設があらわれると、「それなら、今日は仕事には行かない（行けない）」といった数々のドミノ効果が生じる。これは、都市部における「鉄道」を引き金としたドミノ効果だが、同種のことは、いわゆる企業城下町における「基幹企業」の休業や事業縮小、村落部における主要「道路」の通行制限などによっても実現するだろう。

　また、2017年に運用が開始され、いつ発表されてもおかしくない南海トラフ地震の「臨時情報」への対応でも、鍵を握るのは、ここで言う「全体的スローダウン」である。「臨時情報」とは、南海トラフ地震発生の可能性が平常時と比べて相対的に高まったと評価された場合などに発表される情報であり、地震や津波の発生前に出される情報であるため、津波被害が甚大だと予測される地域で「事前避難」が実現すれば、被害軽減に大幅に資すると期待されている。しかし他方で、「臨時情報」は、現段階では相当程度不確実で、情報が発表されても地震が発生しない場合も多い。また、「事前避難」は、大きな被害が生じる前に大規模な避難行動や避難生活を住民に求めることになるため、日常生活の継続との間でコンフリクトが生じる可能性も大きく、社会的な混乱も懸念されている。具体的には、情報が発表された地域を中心とした社会・経済活動の停滞、観光業などへの影響が特に懸念される風評被害などである。

さて、「臨時情報」では、国は、東海地震の予知情報（2019年現在は、事実上廃止）のように、社会活動に対して強い規制をかけることはないと明言している。よって、好むと好まざるとにかかわらず、行政（国、都道府県、市町村）によるトップダウンの公的な勧告・規制という形 ―― 命令する人／される人の対照が明白な「能動 対 受動」の枠組み ―― はとりにくい。鉄道会社、基幹企業、道路管理者など、一定の引き金主体はあるにしても、特定のだれか（だけ）に責任主体としての能動性が帰属されない「中動」的な枠組みで、社会活動の「全体的スローダウン」、言いかえれば、半分は地震発生に備え、半分は日常生活を維持する「両にらみ戦略」（杉山・矢守，2019）を実現させるほかない。

加えて、責任主体を明確にすればするほど、「地震が来ると言い切れるのか！」「事前避難を指示した結果生じる経済的損失は補償されるのか」「いや、そこまでは責任はとれません」といった不毛な責任転嫁ゲームや、その末に「結局何もやらない」状態や、「空振りだったじゃないか」の批難合戦が生じやすいという事情もある。このことを考えても、「全体的スローダウン」戦略の優位性は明瞭である。実際、上述の大阪府北部地震（2018年）でも、また、関西国際空港の連絡橋などに甚大な被害をもたらした同年の台風21号災害でも、「全体的スローダウン」は、不要不急の外出の手控え、安全な自宅や勤務先などでの待機・待避（という形での避難）を通して、地味だが確実な減災効果をもたらし、社会からの評価も悪くない（サーベイリサーチセンター，2018）。

この種の避難では、より一般には、この種の災害対応では、どこに、その意志や責任（能動性）を帰属すべきだろうか。繰り返しになるが、鉄道会社が重要な役割を果たすことは事実としても、まさに「全体的」という用語にあらわれているように、避難に関する能動性の起動点や意志や責任の帰属点をだれか（どこか）に特定することは、多くの場合、困難である。しかし、結果として、多くの人が、「今日、会社に行かないことにして、"助かった"」と感じる事態が成立している。

4 「助からなかった」の受容

(1) 〈防災帰責実践〉の果て

意図し計画することを通じた「助ける－助けられる」ではなく、偶然性の余

地を残した「助かった」の構図が、いまこそ要請されている。それを理解するための鍵のひとつは、〈防災帰責実践〉（矢守，2019b）である。

　防災・減災領域でさかんに、かつ便利に使われるフレーズのひとつに、「自助・共助・公助」がある。「"自助"は個人や家庭での災害への備え、"共助"は自主防災組織の活動など近隣での助けあい、"公助"は津波の危険性の予測や緊急備蓄など公的機関の取り組み、そして、自助、共助、公助のバランスをとるべし」といったしばしば耳にする表現に見られるように、このフレーズは、防災・減災をめぐる役割・責任を、だれか（どこか）に排他的かつ専属的に帰属させ、帰属状況を社会的に明示する実践を推進するエンジンになっている。言いかえれば、防災上必要な事項について、これは、だれ（どこ）が「する（助ける）」のか、他方で、だれ（どこ）は「される（助けられる）」のか、その責任の所在を明示するための作業になっている。要するに、「自助・共助・公助」は、すべてを「助ける−助けられる」の枠組みに収容しようとする営みの基幹ツールなのである。そこで、この実践のことを、大澤（2015）が提起した「帰責ゲーム」という言葉にならって、〈防災帰責実践〉と呼ぶことにしよう。

　ところで、この〈防災帰責実践〉は、実際には、かえって、その意図とはまったく正反対に、すべての関係者・関係機関の「責任放棄」ないし「責任転嫁」（押し付け合い）を招いている。この点を理解することがもっとも肝要である。「それは研究者が責任をもって調べます」「これは役場の責任で行います」「それはここに暮らす私たちの役割です」との前向きな宣言を生むはずのフレーズは、逆説的にも、その対極の態度、すなわち、「それは住民の自己責任でやってください」（公助の放棄）、「そんなことまで地域でやれと言われても無理です」（共助の放棄）、「それは役場の仕事でしょ」（自助の放棄）、そして、「いまの技術レベルではそこまではわかりません」（研究者の責任の放棄）を大量に生んでいる。〈防災帰責実践〉を突き詰めると、皮肉なことに、責任放棄と転嫁を生み、結果として、社会全体に責任消散とでも呼べる状況を作り出してしまうのだ。

　この事実を端的に示す証拠が、1節でも言及したように、近年その数を増しつつある防災・減災をめぐる裁判事例である。社会的にきわめて大きな注目を集めているものだけでも、地震予測情報をめぐって地震学者や地元自治体の責任が問われたイタリアのラクイラ地震裁判、東日本大震災発生時の津波避難の適切性が争点となっている大川小学校をめぐる裁判、福島原発事故の発生やその後の対応に対する東京電力の責任を問う裁判などがある。ここでの力点は、

個別の裁判事例について、だれ（どこ）に責任が帰属されるべきかについて論じることにはない。防災・減災にかかわる案件が、現代社会でもっとも正統的な責任帰属の場と見なされている法廷で議論されているという事実が重要である。言うまでもなく、みなが率先して責任を引き受ける状況があるなら、裁判など無用のことである。多くの人が、自らの免責と他者への帰責を要求し、そこに矛盾と葛藤が生じているからこそ、裁判が要請されている。

　「助ける−助けられる」の関係の明確化、それに伴う責任の徹底的な明示化、この作業は突き詰めると、いつのまにか、その正反対物に転化してしまう。平明にいえば、いつどこで、「自己責任」を問われるかもしれないと多くの人がびくびくしながら暮らさねばならない社会では、好むと好まざるとかかわらず、みな防衛策を講じざるをえない。防衛策とは、「これは、私の責任ではない、その点は、私の守備範囲外です」と予防線をはる作業である。こうして、「助ける−助けられる」を明示するための〈防災帰責実践〉は、真逆の効果を生んでいく。「あなたは、津波が迫るとき、この高齢者（災害時要支援者）を助ける担当ですよ」と明示化されれば、だれだって「そこまで特定されるとおそろしい。絶対に助けられるという保証はないから。できるかぎりお手伝いしますくらいにしておいてもらえませんか」という気持ちになる。ここに、偶然に左右される余地があるという意味で不徹底で、かつ、余裕という意味での遊びを伴った「助かった」という構図を —— 少なくとも部分的に —— 復権・残存させる必要性が認められる。

⑵　「助からなかった」の許容

　「助かった」を前面に押し出すことは、ここ数十年、日本社会——一般には、近現代社会 —— が、避難対策を含めて防災・減災活動を推進しようとするときに、一貫して受け入れてきた前提条件に対して、反旗を翻しているように見える。なぜなら、近現代的な防災・減災の営みとは、要するに、まったく気まぐれに見え対処不能だった災い（自然災害）を、できるかぎり、人知で理解し、予測し、制御することによって、「助ける−助けられる」を実現するための活動だからである。この基本姿勢は、ハード、ソフトを問わず、事前防災、緊急対応、事後復興といった「災害マネジメントサイクル」の各段階時間フェーズにも関係のない、当然至極の基本的大原則として自明視されてきた。つまり、僥倖・恩寵・幸運に過ぎなかったことを、なるべくしてそうなること、言いかえれば、必然的にそうなるようなものへと転換する過程が防災・減災だったはずである。だから、「助かった」の重視は、一見、その方向性とは真逆の提案

になっている。

　この論点は、さらに次のような、よりプロボカティヴ（論争誘発的）な主張にもつながる。「助かった」に光を当てるときには、私たちは、その対項、つまり、（残念なことに）「助からなかった」を受け入れる覚悟を固めねばならないのではないか、という主張である。幸運と不運は、偶然を構成する一対のもので、前者だけを期待することはできないからである。本章の冒頭で例示したように、たしかに、私たちは、思わず「助かった」と口にすることがある。しかし反対に、「助からなかったか…」と落胆し、悲嘆に沈むこともある。

　このとき、「助からなかった」には、「助けられなかった」とは異なるニュアンスがある。このことがきわめて重要である。後者は、「助ける－助けられる」の構図のもと、助けるための意志・責任を有する存在があることを前提に、その責務が果たされなかったという意味であり、上述の裁判事例のベースにもこの感覚がある。他方で、前者には、だれが悪いわけでもない、だれかに責任が帰せられるわけでもないとの含みがある。「助からなかった」のは、ある場合には、人間には御しがたい災難・悲運のゆえであり、また別の場合には、「精一杯やり遂げた」「人事を尽くして天命を待った」結果だったりする。

　幸運と不運が不可分の存在である以上、「助かった」と「助からなかった」も不可分の一体である。これは、光と陰、恩恵と災厄の両方をもたらすという意味での二面性をもった自然と「共生」する路線を選択することの必然的な帰結であるようにも思われる。だから、「“助からなかった”では済まされない。最後まで“助ける”努力を…」── この切実な思いは痛いほど理解できる。筆者自身もそう感じることはいくらもある。しかし、この思いを断ち切らない限り、事態は「助ける－助けられる」の構造、つまり「能動 対 受動」の構図へと回帰してしまい、「助かる」や「助かった」の破壊につながるのかもしれない。

⑶　「中動態って無責任になることですか？」

　上の議論は、おそらく、「中動態って無責任になることですか？」との疑問を招くことになるだろう。実際、これは、中動態論の提唱者國分氏がときに読者から投げかけられる問いかけらしい（國分，2019）。これに対して、國分（2019）は、responsibility（いわゆる責任）と response（ここでは、議論の明確化のため responsive ＝応答性、即応する態勢という用語を使うことにする）とを対比させつつ、「そんなことはない、中動態論はむしろ責任を再肯定するものだ」と反論する。その議論が、⑵項で提起した課題、すなわち、「“助から

なかった"では済まされない。最後まで"助ける"努力を…」の取り扱いにも通じるので、最後に、この点について論じておこう。

　中動態論やそれに依拠した実践が無責任（助けることの放棄）に見えるのは、責任をめぐる二つの次元を区別していなからである。國分（2019）の議論を筆者なりに敷衍すれば、私たちは、いわゆる「責任」（responsibility）と「応答性」（responsive）とを区別しなくてはいけない。前者は、責任の本来の姿である後者が望ましくない方向に変異した姿である。別段、既定の責任（responsibility）が自分に帰属されていない状況でも、人が、ある対象に対して、自らの欲望（危機を回避したいとか、気の毒な人を助けたいとか）に基づいて、自ずから反応（responsive）するのはまったく自然なことだし、ごくふつうに観察される事実でもある。この、必ずしも責任（responsibility）に基づかない、「自ずから」と形容したくなるようなタイプの応答性（responsive）の連鎖・集塊 ── それらが全体として構成するのが中動態的な事態である。

　さて、いま、何らかの理由で、この意味での応答性が低下しているとしよう。実際、現代の日本社会では、応答性が低下しているように見える。このとき、「この対象には、あなたが必ず応答してください。応答する意志をもってください。仮に応答しなかったならば、あなたの責任が問われますよ」。この方向へと進んでいくのが responsibility の世界である。「能動・受動」の構図に基づく「助ける責任、助けてもらう権利」（responsibility）を中核に据えたうえで、責任の体系、意志の宇宙を徹底させることを通して、「助ける−助けられる」のヌケ・モレ・オチをゼロにしようとする試み、つまり、「最後まで"助ける"努力を…」の試みは、たしかに、これまで大きな成果をあげてきた。

　しかし、そこに落とし穴もある。なぜなら、「助ける責任、助けてもらう権利」（responsibility）は、それを突き詰めていくと、〈防災帰責実践〉の激化を招くからである。〈防災帰責実践〉は、⑴項で示したように、かえって責任の蒸散を帰結することも多い。また、責任の囲い込みを明瞭にすればするほど、逆説的に、責任を特定しきれない残余を「責任の体系」の外部として残してしまう傾向性、つまり、包摂（include）されない何かを残存させる傾向性をもはらんでいる。

　これに対して、中動態が責任の再肯定だといわれるとき、再肯定されているのは、応答性の再生であり回復である。目の前のこと、あるいは、遠く離れた世界のこと、はるか昔のこと、そして、まだ来ぬ未来の人たちに対して、すべての人が、自らの欲望に従って応答し、それらが連鎖し集塊することに賭ける営みこそが、これまでの外部を新たに包摂するための推進力を保持し続ける。

そして、その推進力こそが「助かる」の範囲の永続的拡大に資する。中動態が想定しているのは、このような見通しである。「津波てんでんこ」（2節）や「全体的スローダウン」（3節）も、この意味での応答する態勢やその漸次的拡大に賭けるタイプのアプローチであること、また、「賭ける」という用語にあらわれているように、応答的でないケースが生じうることも許容するアプローチであることは、すでに見てきた通りである。

　偶然、そして、幸運と不運とに満ちた世界にあって、しかし、その世界に対してどこまでも応答的であろうとすることを通して、真の意味での責任を再生し、みなが「助かった」と口走ることができる社会の実現を目指す。いま求められているのは、この方向へ向けたパラダイムシフトである。

文　献

片田敏孝（2012）『人が死なない防災』集英社（集英社新書）

國分功一郎（2017）『中動態の世界 ── 意志と責任の考古学』医学書院

國分功一郎（2019）「中動態／意志／責任をめぐって」『精神看護』*22*(1)，5-20.

大澤真幸（2015）「責任論」大澤真幸（著）『自由という牢獄 ── 責任・公共性・資本主義』(pp.55-118). 岩波書店

杉山高志・矢守克也（2019）「南海トラフ地震の「臨時情報」に対する社会的対応に関する基礎的考察」『地区防災計画学会誌』*15*，53-60.

サーベイリサーチセンター（2018）「自主調査レポート ── 2018年台風21号上陸における大阪市民の意識と行動に関する調査」https://www.surece.co.jp/research/2519/（2019/11/13情報取得）

矢守克也（2012）「「津波てんでんこ」の四つの意味」『自然災害科学』*31*，35-46.

Yamori, K. (2014) Revisiting the concept of tsunami tendenko: Tsunami evacuation behavior in the Great East Japan Earthquake. In H. Kawase (Eds.), *Studies on the 2011 off the Pacific Coast of Tohoku Earthquake. Natural disaster science and mitigation engineering: DPRI Reports* (pp.49-63). Springer. DOI:10.1007/978-4-431-54418-0_5

矢守克也（2019a）「能動的・受動的・中動的に逃げる」『災害と共生』*3*(1)，1-10.

矢守克也（2019b）「自助・共助・公助の再定義」『コミュニティの防災力向上 ── インクルーシブな地域防災 研究調査報告書』(pp.176-185). ひょうご震災記念21世紀研究機構研究調査部

矢守克也（2020）「避難学を構想するための7つの提言」『災害情報』*18*，181-186.

くらしの自律生活圏

小林郁雄

これまでの「助ける−助けられる」防災・減災から、「誰もが〈助かる〉」社会に向けた新しい防災・減災活動は、地域コミュニティにおけるまちづくりの実践の中にあるという結論がこの理論編（第1〜4章）で述べられている。それではどのような地域コミュニティのまちづくりを進めることが必要なのだろうか。次の実践編（第5・6章）で具体的事例が紹介されているが、そこで展開されているまちづくりがめざしているのは、「くらしの自律生活圏」の確立ではないだろうか。それも小規模で分散し、多重にネットワークしている状況が重要であると考える。はじまりは25年前の阪神・淡路大震災に立ち返ることになる。

小規模分散自律生活圏の
多重ネットワーク社会

1995（平成7）年1月の阪神・淡路大震災によって、神戸などの既成市街地の密集地区で老朽木造住宅群が多数倒壊し大規模火災で焼失した。鉄道・道路・電気・ガス・上下水道といった都市基盤施設の壊滅から、金融・情報・製造・流通といった社会運営基盤も停止し、都市機能そのものが崩壊した。なぜこんなことになってしまった

のか？

阪神・淡路大震災における教訓は、私の生活態度・業務活動・都市思想などすべてに及んだ。ささいな断片的アイデアから世界観に至るまで、これまでへの自省とこれからの活動の基本に、震災復興・危機管理が大きく影響することとなった。そして、それらは漠然と考えていた基本技術・地域主義・まち住区といったことが、生活・経済・都市において重要であるという再確認ともなった。

被災地では多くの不自由とさまざまに困難な状況があったが、それを上回る自由と相互扶助からなる自律コミュニティ社会があることを知った。そのような震災ユートピア期に、被災現場で市民が学んだのは、〈巨大なものはもろい／やってないことはできない／自分でできることを自分でする〉という三つである。その総合解が「小規模分散自律生活圏の多重ネットワーク社会」という都市像である。

自分たちの知らないところで決定されてきた都市運営システム、制度疲労しているピラミッド型統治機構といった巨大なものが大災害によって脆くも崩れ去り、どれほど頼りなく、何の意

味も持たないかを、情報途絶で緊急支援の届かないなか、思い知った。自分でできることを、自らの手で行うこと。それがボランティアの常識であり、市民まちづくりの原則であり、パートナーシップの基本であった。

巨大なものへの不信は、巨大技術や過度集中のもろさからくる。個人の自らが生き抜いていく基本的な生活技術と基本装備がまず重要であり、すべてかもしれない。さらに、地方分権というよりも地域自律に基づく地方主権が重要であり（唯一正当であるかもしれない）、「小規模分散自律生活圏」の確立こそが、住民主体のまちづくりのゴールであり、災害に強い（うたれ強い）市街地の基本と思う。そうした自らの生き方を自らで決定できる、小規模で分散した自律的な生活圏が多重にネットワーク（交通、水緑、情報などから人間関係に至るまで諸々のネットワーク）されていることが重要である。施設面でも情報面でも、人間関係や行政組織でも。国際・広域のネットワークが地域・個人と直結する形で生活圏の多重ネットワークとして形成されていること、それが地方自治体であり、国家であるという構図である。

そうした〈自律と連帯〉＝〈パートナーシップとネットワーク〉こそが、大震災から私たちが学んだ、究極の防災安心まちづくりである。また被災市民が最も心に深く刻んだ思いは、「小規模分散自律生活圏のネットワーク社会」というくらしの将来像である。それを、震災当時の笹山幸俊神戸市長は「コンパクトタウン」と呼び、貝原俊民兵庫県知事は「人間サイズのまちづくり」と提唱した。

「くらし」復興再構築

被災地では、「くらし」再構築が復興の最大緊急願望である。そこに想像力が及ばないため、非被災地と温度差が生じる。災厄直後に心痛めた奥尻島や普賢岳の被災1年後、5年後以降の島民・村人の「くらし」を、私たち阪神・淡路住民はどれほど具体的に想像しただろうか？　全く意識なしの日常であった。しかし、他人や他所の「くらし」を思い量ることは非常時なればこそであり、平常時にはお節介というものかもしれない。自分の「くらし」さえ雑事にとりまぎれ、他への思いなどおぼつかないので、なおさらである。

〈被災地復興は被災者の手によるしかない、それが復興まちづくりである〉という単純な結論が用意されている。地域主権・自治責任のなかでの住民自律が復興である。支援援助がなければなり立ち行かぬようでは、復興とはいえない。それでも自ら立ち上がれぬ、あまりに多くの人びとがいる。その自律のための支援を、必要十分な援助を、温度差を越えて想像しなければならない。身動きならぬ老人が傾きずれたままの陋屋、貧困にあえぐ失業者・病人・けが人があふれている。阪神・淡路ではあまりにも多いその量が

図1　くらしは、すまい、しごと、
　　　まちに支えられる

図2　自律生活圏は、環境、経済、
　　　社区に支えられる

復興の質を転化させる。「くらし」復興の基本課題はそこにある。

　「すまい」「しごと」「まち」再生の三角形が、「くらし」復興再構築条件である。この三つが支え合ってはじめて、暮らしがなり立つ（図1）。その最も基本条件が「すまい」である。人びとの生活基盤、社会基礎である住まいの安定的充足が地域活力源である。住宅再建が進まぬ限り、市街地の人影は薄く、店舗商店のあきないも続かない。だが、「しごと」が満足にない、まともななりわいが繰り広がらないから、住まいの再建がおぼつかない、ということにもなる。雇用賃金の先行き保証もないのに、とても住宅改修・再建に乏しい蓄えを費やす訳にはいかない、というのが健全市民の悲しい常識である。

　「まち」も形をなしていないといけない。住宅をはじめ地域社会循環すべてに関する備えと仕組みが必要である。復興まちづくりはそれらへの自律的な取り組みである。「すまい－しごと－

まち」が相互に関連し合ってはじめて、「くらし」が続く。〈持続できる発展〉などという大げさな方針に比べれば、〈持続する生活〉が被災地被災者の願望であり、小さくとも硬い核心というべきである。

　そして、その「くらし」復興は非常時だけの話ではない。高齢化、過疎化から限界集落・消滅集落での「くらし」を考えるときにも、ほぼ同じである。

循環型環境、地域型経済、連鎖型社区をめざす

　自律生活圏（コンパクトタウンと言っていいかもしれない）とは、環境・経済・社区（単なる地域コミュニティの範囲の生活圏を示す言葉が日本語にはなぜかないため、中国語で一般に使用されている「社区」を借用）が自律して存立している地域生活圏域のことである（図2）。

環境（ecological environment）
　身近な生活環境から地球環境に至るまで循環自律型に。

経済（local economy）
　地域に立脚した(community-based)
　産業を基礎とした経済循環を。
社区（neighborhood community）
　自律したコミュニティを基本にその
　連鎖・連帯した地域を。

　こうした環境・経済・社区の目標を
達成するための自治政策は、以下のよ
うな施策を積み重ねていくことによっ
て徐々に醸成されていくことになるだ
ろう。

　循環型環境をめざす「環境と共生す
るまちづくり」施策としては、循環型
社会に向けたライフスタイルの提案や
歩いて行ける身近な拠点整備をすすめ、
さらに、水と緑のネットワーク形成や
車利用の低減をめざすような地域循環
モビリティの向上に取り組む。

　地域型経済をめざす「地域経済が豊
かなまちづくり」施策としては、中長
期的には地域産業（コミュニティ・ビジ
ネス）、地域起業家の育成や地域立地
活動（ビジネス・コミュニティ）促進へ
の支援を進め、まずは、まちづくりと
一体になった地域に密着した産業の育
成をはかり、地域産業の振興や新たな
業態開発の促進に努める。

　連鎖型社区をめざす「コミュニティ
を大切にするまちづくり」施策として
は、住民主体のまちづくり支援をはじ
め、さらに踏み込んだ住民活動事業の
推進支援から、将来はまちづくり会社
に対する支援など、協働によるまちづ
くりの担い手づくりをめざす。

　こうした自律生活圏の多重ネットワ
ーク社会こそが、まちづくりマネージ
メントの対象であり、目標である。

文　献
小林郁雄（2007）「まちづくりのマネー
　ジメントシステム」西村幸夫（編）『ま
　ちづくり学』朝倉書店

II 実践編

〈助かる〉社会への運動

第 **5** 章

まちづくりに防災・減災を織り込む
── 兵庫県上郡町赤松地区との協働実践

石塚裕子 (1〜7節)・小林郁雄 (8節)

　本章では、筆者らが公益財団法人ひょうご震災記念21世紀研究機構「地域コミュニティの防災力向上に関する研究会」において、モデル地区とした兵庫県上郡町赤松地区（以下、赤松地区とする）における協働実践事例を通じて、まちづくりに防災・減災を織り込むとは具体的にどのようなことか、その一例を紹介し、誰もが〈助かる〉社会を実現する実践的手法を提案する。

　本章は8節で構成される。まず1節では、赤松地区の特徴から全国で共通する防災・減災の課題を確認する。2・3節では防災・減災活動からではなく、まちづくりからアプローチするプロセスを紹介し、4節では、インクルーシブな防災・減災へとつながる、みんなが〈参加できる〉白旗城まつりプロジェクトの生成過程を詳述する。5節では、一連の取り組みをまとめた地区防災計画の内容を示す。これらは次の4ステップで展開されている。

ステップ1：地域を診断する（2節）

ステップ2：地域で取り組みたいことを考える（3節）

ステップ3：今、一番取り組みたいことに ＋ α （防災・減災）して実
　　　行してみる（4節）

ステップ4：地区防災計画としてまとめる（5節）

※1〜4のステップに取り組んでみたいという場合は、巻末付録の「誰もが〈助かる〉
　まちづくりガイドライン」を活用していただきたい。

　6節では、2年目の取り組みの様子を紹介し、インクルーシブなまちづくりとは、何をどのように、具体的に行動を起こせばよいのか、一人ひとりをありのまま承認したまちづくりとはどのようなものか、その一端を示していく。そして7節では、まちづくりに防災・減災を織り込む手法をアプローチの姿勢、

地域のガバナンス、専門家の役割の3点から総合的に考察する。8節ではまちづくりとして「誰もが〈助かる〉社会」の像を示して結論とする。

1　なぜ上郡町赤松地区なのか？

　上郡町は、兵庫県の西端に位置し、西は岡山県備前市、南は赤穂市、東は相生市やたつの市、北は佐用町に面している（図1）。面積は150.26平方キロメートル。町の中央部を北から南に二級河川である千種川が貫流し、町を大きく二つに分かつ。川の流域は平坦地になっており、標高はおおむね50メートル以下である。また、海抜300〜400メートルの山地が連なり、町域の大半が山地、高原、丘陵部で占められている。2015（平

図1　上郡町の位置
（上郡町 WEB サイトより）

成27）年の国勢調査によれば、人口は男7,329、女7,895、計15,224人で、世帯数は5,715世帯。河川の氾濫や土砂災害など、幾度となく災害に見舞われた地域であり、全国的な課題である少子高齢化、人口減少が進行する典型的な中山間地域である。

　まずは、なぜモデル地区が上郡町なのか、そして上郡町のなかでもなぜ赤松地区なのかを考えることにより、日本が抱える地域コミュニティにおける防災・減災への課題を確認したい。

(1)　地域が縮退するなかでの防災・減災

　日本は、少子高齢化の進行により、生産年齢人口は1995（平成7）年をピークに減少をはじめ、総人口も2008（平成20）年をピークに減少に転じている。死亡数が出生数を定常的に上回るようになり、2015（平成27）年の国勢調査によれば、人口1億2709万5000人、65歳以上が26.6パーセントとなった。また、世帯構成では単独世帯が34.6パーセントと最も高く、65歳以上の単独世帯は全世帯の11.1パーセントを占め、平均で10世帯に1世帯は高齢者単独世帯

である（総務省統計局，2017）。将来推計人口は、約50年後の2065年には総人口8807万7000人（2010年人口の32.3パーセント減）、65歳以上の人口割合は38.4パーセントとなり、人口割合の変動は鈍化すると予測されている（国立社会保障・人口問題研究所，2017）。

　全国的に人口が減少しているなかで、上郡町は全国平均よりも深刻に少子高齢化、人口減少が進行している。1970年代の高度経済成長期には人口が増加したが、1985（昭和60）年を機に減少の一途をたどり、高齢化率は34.3パーセント（2015年）であり、後期高齢者割合は16.3パーセント（同年）となっている。また、上郡町のなかでも赤松地区は、高齢化率が最も高い地区であり35.9パーセント（2015年）である。赤松地区は15集落（自治会）で構成されていたが、山上にある二つの集落が2017（平成29）年から居住者がほぼいなくなり、縮退、集落の消滅がはじまっている。

　そのようななかで、近年、気候変動に伴い局地化・集中化・激甚化する水害や土砂災害が頻発し、南海トラフをはじめとする大規模地震災害も予想されている。上郡町では1974（昭和49）年、1976（昭和51）年に集中豪雨による大水害が起こり、多くの家屋が床上浸水し、土砂災害により住民の尊い命が失われた。近年では2004（平成16）年の台風21号と2009（平成21）年の台風9号により集中豪雨災害が起こっている。

　第3章2節で述べたとおり、いざ災害が起こると命だけは助かるはずの進行型災害であっても高齢者や障害者に被害が集中する。特に単身高齢者、高齢者夫婦世帯では、地域コミュニティによる声かけがなければ、逃げ遅れる傾向にある。地域が縮退する時代を迎え、どのように防災・減災に備えるべきか再考が必要となっている。

⑵　災害への危機感の希薄化

　上郡町役場ではハードとソフトの両面で防災・減災対策が進められてきた。ハード面では、2009年の集中豪雨災害を受けて、千種川の大規模改修やダムの整備などの治水事業、砂防ダムやため池改修などの治山事業が実施されている。また、町内のほぼ全域に整備された光ケーブルを活用し、ケーブルテレビ、屋外拡声器などの情報伝達手段や河川監視カメラを整備し、住民への迅速な災害情報の伝達手段を確保している。さらに、自治会によっては防災無線の戸別受信機の整備も行っている。

　ソフト面では、町と七つの連合自治会との持ち回りによる合同防災訓練の実施をはじめ、ハザードマップの改訂や災害専用ホームページの作成、防災メー

ルの導入、自主防災組織の資機材整備支援、住宅耐震診断支援などの対応を進めており、防災・減災力の向上に取り組んできた。

　ただし、問題も残されている。国や県による主要河川の氾濫や土砂災害に対するハード整備は進んでいる一方で、町の財政的な事情から、支流河川や山間部の土砂災害警戒区域などの整備は未着手であり、一つひとつは小規模ではあるが多くの危険箇所が存在している。

　それに加えて、千種川の河川改修等の大規模なハード整備が2017年に完了し、その後、大きな災害もなく、住民の災害に対する危機感が薄らぎ、防災に対する意識が低下傾向にあることも懸念された。実際に筆者らも赤松地区の住民から「ここは台風も避けて通ってくれる地域で、大きな災害にはあったことがない」「千種川の改修工事が終わり、水害の心配はなくなった」「ここは岩木という地名のとおり、岩盤地層で地震には比較的強く津波も来ない地域である」といった話を、何度も何人からも聞いた。

⑶　自主防災組織の活性化

　上郡町役場は災害の規模が大きくなれば行政による対応には限りがあるとして、住民一人ひとりが「自分の身は自分で守る」という意識をもち、近隣の住民同士の助け合いを通じて災害からの被害を最小限度に食い止めるために、自主防災組織の活性化に向けた施策を2015（平成27）年から推進していた。

　日本では、1995（平成7）年に起きた阪神・淡路大震災以来、自助・共助の重要性が指摘されて久しく、2011（平成23）年の東日本大震災においては自治体自身が被災したことにより被災住民への公的支援ができず、公助の限界が明らかになった。そこで、地域コミュニティによる防災・減災活動の担い手として期待されているのが自主防災組織である。

　自主防災組織とは住民自らが自分の身を守る自助とともに、地域コミュニティで住民同士が助け合う共助を自発的に行う住民組織である。阪神・淡路大震災をきっかけに1995年に改正された災害対策基本法に「自主防災組織」という用語が初めてあらわれ、行政の責務として自主防災組織の育成が明記され、地域での防災活動のため防災資機材の整備に国庫補助制度が創設された。翌1996（平成8）年には消防庁防災業務計画が修正され、自主防災組織育成強化のための具体的な指針が示された。以上のような取り組みの影響もあって、全国の自主防災組織率は、1995年以前は5割に満たなかったが、2020（令和2）年には84.3パーセントまで向上した。なかでも兵庫県の自主防災組織活動カバー率は、97.7パーセントと全国1位である（消防庁，2021）。

表1　自主防災組織の課題（消防庁・日本消防設備安全センター，1996）

人的資源の問題	役員の高齢化、メンバーの女性化、役員任期交代に伴う活動の継続性の欠如、リーダーの不足など。
物的資源の問題	資金不足、資機材不足。
平常時の問題	活動のマンネリ化、活動計画の不備、組織拠点の問題。
発災時の問題	情報伝達の限界、初動体制や応急活動の限界、社会的弱者対策の難しさなど。

　上郡町は、1999（平成11）年には町内すべての自治会において自主防災組織107団体が結成された。結成当初は、行政による支援等もあり、規約の作成や防災訓練などさまざまな活動が実施されたという。また2004（平成16）年の豪雨災害以降には、防災活動計画を策定して活発に防災活動に取り組む自治会もあった。しかし、近年、少子高齢化が加速し、自主防災活動を担う人員の確保が厳しい組織や、災害があまり起こらないなかで活動が沈静化している組織もあらわれてきた。

　消防庁によれば、自主防災組織の運営、活動において、高齢化や昼間の活動要員の不足、活動に対する住民意識の低さ、リーダーの不足のほか、会議や訓練の準備活動に使う活動拠点の不足、活動のマンネリ化などの課題が指摘されてきた（表1）。また、「自主防災組織等の充実強化方策に関する検討会」（平成29年度）による自主防災組織へのアンケート調査結果においても、住民の自主防災活動に対する理解の不足と担い手確保の困難性が特に課題として指摘され、課題は認識されているが解決に向けた抜本的な対策がなく、長年改善されていない。

　そこで、上郡町役場は地域防災力の向上を推進していくために、2017（平成29）年に「自主防災組織育成施策」を打ち出し、自主防災組織の体制強化として、107の自主防災組織を連合自治会単位による七つのブロック（地区自主防災組織連合会）制にすることや、地域の現状に合致した防災活動の実施として、自主防災組織活動の手引きの作成や地区防災計画（モデル計画案）の策定支援など、官民協働で自主防災組織の活性化に取り組もうとしていた。

(4) 村づくりには熱心だが、防災・減災には消極的

　赤松地区は、上郡町の北部に位置し、清流千種川沿川の山に囲まれた地域である。2015年現在、人口1,546人で町全体人口の約1割を占め（兵庫県，2017）、3園区（赤松、大枝、岩木）15自治会（集落）で構成される（図2・表2）。各集落は、千種川とその支流である岩木川沿いに点在しており、北の集落（楠、

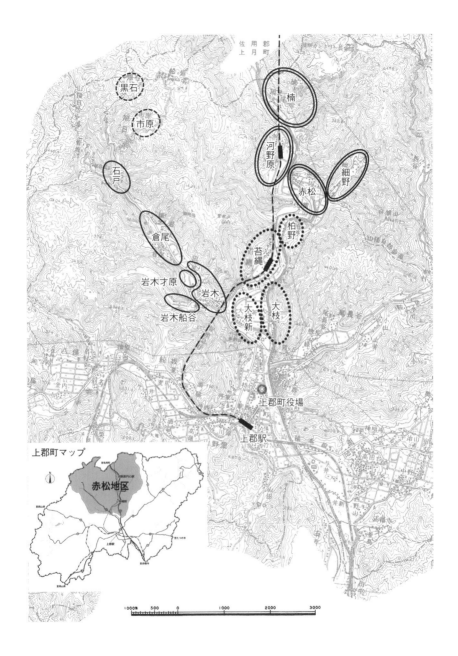

佐用郡
上月町

黒石

市原

楠

河野原

細野

赤松

石戸

柏野

苔縄

倉尾

岩木才原

岩木

大枝

大枝新

岩木船谷

上郡町役場

上郡駅

上郡町マップ

赤松地区

1000m 500 0 1000 2000 3000

図2　自治会（集落）位置図（上郡町提供資料より筆者作成）

第5章　まちづくりに防災・減災を織り込む　｜　83

表2　赤松地区の構成と人口・世帯数 (2015年)

自治会	集落	人口	世帯数
赤松	楠	65	25
	河野原	91	38
	赤松	170	74
	細野	61	26
大枝	柏野	49	18
	苔縄	202	92
	大枝新	132	55
	大枝	177	75
岩木	石戸	46	20
	倉尾	84	34
	岩木	156	68
	船谷	181	72
	才原	139	58
	黒石*	13	6
	市原*	2	2

(出典：住民基本台帳)
＊住民登録はされているが、実際に居住していない人を含む。

図3　白旗城まつりのポスター
(白旗城まつり実行委員会提供)

石戸）から南の集落（大枝、大枝新）まで約8キロメートル離れている。

　岩木川沿いの集落には明治時代の日本の近代化に多くの功績を残した「大鳥圭介」の生誕地や旭日鉱山跡、稀少植物コヤスノキの群生する大避神社などがあり、また千種川沿いには中世播磨の武将「赤松円心」の座像を納める宝林寺・円心館や法雲寺、国指定史跡「白旗城跡」など赤松氏ゆかりの史跡が点在し、多数の歴史・文化資源がある。

　2008（平成20）年度から「赤松地区むらづくり推進委員会」を各種団体で組織し地域の歴史資源などを活かしたイベントを行い、地域の活性化に取り組んでいる。地区の最大のイベントは、白旗城跡の国指定史跡の指定を契機に1992（平成4）年から開催している「白旗城まつり」であり（図3）、赤松地区住民が300人以上参加して手づくりで行っている祭りである。白旗城まつりには、町内外から約4000人（2017年実績）が参加する、上郡町のなかで最も大きな祭りに成長している。

　また、2011（平成23）年から地域に密着した元気の源となる交流と情報発信の拠点をという思いから、手づくり鎧かぶと教室を開講し、白旗城まつりの武者行列でお披露目するほか、出張授業の実施など他地域との交流、多世代との交流事業として発展している。さらに2016（平成28）年からは「落ちない城・白旗城」PRプロジェクトをはじめ、案内看板やPRグッズを作成している。

その他にも大鳥圭介没後100年（2011年）の機会に県民交流広場事業（兵庫県）に取り組み、大鳥圭介生誕地である岩木園区石戸地区にいきいき交流ふるさと館を整備した。毎年5月4日に「圭介まつり」を開催し（図4）、毎月第1・第3日曜日には交流館でふれあい喫茶を開き、塾長を配して圭介塾を開催している。さらに、岩木園区では兵庫県のむらの将来検討支援事業（2012～2013年）に取り組み、地区交流会やヒメボタルの観察会などを実施している。大枝園区の大枝新自治会でも、兵庫県の小規模集落元気作戦（2012～2013年）に取り組み竹藪の手入れと景観整備、加工教室に取り組んできた。

図4　圭介まつりのポスター
（赤松地区むらづくり推進委員会提供）

　このように赤松地区は、さまざまな地域活性化事業に取り組み、村づくりにとても熱心な地区である。赤松地区むらづくり推進委員会の報告書には、

「人口減少、少子高齢化に歯止めをかけることは自分たちの力ではできません。しかし、高齢者が中心でも、今、地域に住んでいる者が元気になるように、自分たちが主体となり、できることに取り組もうとの思いで、手作り鎧かぶと制作に取り組んできました」

とある。このような地区であるが、上郡町役場が推進する「自主防災組織育成施策」には消極的であり、モデル事業の募集には手をあげなかった。なぜだろうか。

(5)　防災・減災の位置づけを問いなおす

　本稿のモデル地区が、なぜ上郡町赤松地区なのかを四つの側面から説明してきた。超高齢社会を迎えて人口が減少し、地域が縮退していくなかで防災・減災に備えるには再考が必要なこと、そして全国的には災害は頻繁に起こっているが地域単位でみると頻度は数十年単位である災害に対し、大規模なハード整備などが行われることで、危機感の希薄化が起こっていること、そして自主防災組織の活動が停滞していることは全国共通の課題である。

　そのようななかで、地域コミュニティでは、防災・減災だけが重要課題とな

っているのではなく、地域の活性化をはじめ害獣対策、防犯、景観形成、環境維持、高齢者の見守りなど、さまざまな課題を抱え、日々、忙しく活動している。

　地域コミュニティを多面的に捉え、日々の生活や地域の個性や意向に応じて、防災・減災の位置づけを問いなおす必要があるのではないだろうか。"村づくりには熱心なのに、防災・減災には消極的である"というところに、外部者である筆者らは興味をもち、事情を聴くことから赤松地区にかかわりをもちはじめた。

2　地域を診断する ── 防災と言わない集落調査

(1)　思いを聴く

　筆者らは、2017年12月15日に初めて赤松地区連合自治会の会長と副会長2名に会い、協議を始めた。そこで語られたのは、次のような村づくりへの熱い思いであった。

・「村づくりは、自分たちの地域を、自分たちで考えて、自分たちで活動しないといけないと思っている。祭りは、地区の発表会であり、地区の人がどれだけ参加してくれるか、他地域の人が来てどのように評価してくれるかが問われている。祭りは、村づくりとして、全自治会が参加、協力して開催できるよう頑張っており、近年、祭りの参加者数も増加し一定の成果があると感じている」

「甲冑づくりも7年目を迎えるが、毎週月曜、金曜の朝9時から集まり、甲冑づくりを名目に地域の人が集まり、交流の場、高齢者の居場所となっている」

　その一方で、連合会での取り組み趣旨が、すべての自治会に浸透しているわけではなく、自治会によって活動に温度差があるという。赤松地区には、長い歴史をもつ集落だけでなく、1960年代、70年代に造成して新たにできた住宅団地もある。また岩木園区を除き、各自治会は地形的にも集落の成り立ちも独立しており、それぞれに個性があり、地域事情が異なることがわかった。

　災害に対する危機意識も地区によってことなり、連合自治会長は「高齢化が進むなかで、どのようにコミュニティを維持し、災害時にどのように備えるか、

考えることが必要だと理解していても具体的にどのように取り組めばよいか、わからない」と語った。

(2) 既存の活動に織り込む

何か新たな取り組みを始めるとき、検討組織を設け、ワークショップを開催し、意見を出し合い取りまとめるという一連の流れが一般的である。今回の取り組みにおいても、赤松地区連合自治会を母体に「安心・安全村づくり会議」を設けた。しかし、当該会議だけでなく、自治会ごとの集落調査、地域行事への参加、他地区との事例交流会の開催などさまざまな機会を通じて、筆者らは、赤松地区の住民と対話を重ねていった。これまでに65回以上は訪問している（2020年12月現在）。

安心・安全村づくり会議は2018年度に5回開催した。防災・減災にかかわる特別なものではなく、すでに取り組んでいる村づくり活動の一環として取り組めるよう、白旗城まつりの実行委員会の打ち合わせと同時に開催するなどの工夫を行った。また、事例交流会などには、自治会役員だけでなく、婦人活動グループや民生委員の人たちなど、多様なセクターが参加できる機会を設けた。現在では、安心・安全村づくり会議と称して会議を設けずとも、白旗城まつり実行委員会の場で必ず防災・減災の議題が設けられ、協議されるようになり、村づくりのなかに防災・減災が定着しつつある。

(3) 第三者と共に地域を再確認する

● グループヒアリングと現地確認（まち歩き）

2018年2月16日に開催された赤松地区連合自治会会合にあわせて、その前の14日、15日に自治会長へのグループヒアリング、現地視察を行った。ヒアリングは特に質問項目など定めずに、各自治会を紹介してもらうかたちで行った。そこでの第一印象は、白旗城まつりをはじめ、各自治会での年中行事や災害時への備え、そして日々の住民同士のコミュニケーションは、集落の特性や事情に応じたさまざまな生きる知恵が蓄積されているというものだった。特に防災・減災に関しては、熱心に取り組まれている自治会ほど、町役場が進めようとしている連合組織で取り組むことに抵抗感があるようで、「連合会を作ると、その活動のために人や労力を割かなければならない」といった声も聴かれた。

一方で、他の自治会の活動を実際に見る機会や情報交換は行われていなかった。少子高齢化が進み、各自治会単独ではすべての地域活動が難しくなりつつ

表3　地区を診断する六つの指標

顔あわせ指標	**日頃、地区のなかでどれくらい顔を合わす機会があるか調べる** ・地区組織の活動状況（自治会、老人会、子ども会、婦人会など） ・年間地域行事（神事、まつり、花見など） ・環境維持活動（清掃、施設の維持管理、里山の手入れなど） ・その他の活動（見守りなど）
地域の宝指標	**地域で大切にしているもの、活用できそうなものを調べる** ・歴史・文化資源、自然、生き物、地域産業、事業所など
結びつき指標	**地域の人びとをつなぐ行事や習慣などを調べる** ・伝統的な習慣、地域行事、地域を代表する資源など（顔あわせ指標・地域の宝指標と重複してもよい）
外部ネットワーク指標	**住民以外の外部の人とのつながりについて調べる** ・活動人口（就業者、デイサービスなどで通っている人など） ・交流人口（観光客、ボランティア）、他地域との交流事業など
安全指標	**地区の災害・安全に関する情報を整理する** ・地形・地質、過去の災害履歴、ハザードエリアの分布、避難所・避難経路など
基礎指標	**地域の基礎情報として知っておくべき項目を整理する** ・人口・世帯数、高齢者、障害者、外国人等の人数、単身世帯数など

あるなかで、知恵の交換、困難な共通問題への対応、相互扶助の拡大、活動のローテーションなど、ゆるやかに連携していくことが必要ではないかと考えた。

　そこで、各自治会を丁寧に訪問し、地区カルテを作成して、情報を共有すること、連携の糸口を見つけることを試みることとなった。

　集落調査は各自治会に専門が異なる研究会のメンバーが2、3人で訪問し[注)]、約半日（3時間程度）かけてヒアリングと現地確認（まち歩き）を行った。自治会館などで1〜2時間話を聞いた後、さらに1〜2時間かけて集落内を歩いて廻り、神社や寺、広場、営農組合の倉庫などを見学した。また土砂災害の危険箇所やため池など防災上心配な箇所の確認も併せて行った。

　自治会側は会長だけの場合もあれば、自治会役員数人が参加するケースもあった。また、自治会相互に参加することを呼びかけた結果、近隣の自治会から参加したケースは2回あった。ヒアリングは表3に示す六つの指標に用いて実施し、原則、地区のことについて何を紹介してもらってもよいと伝えて行った。なかには「こんなこと話していていいのかな」「災害のことを聴きにこられたのではないの？」と尋ねてくる人もいた。筆者らは防災・減災だけでなく、都市計画、建築、福祉など専門が異なる者で構成しており、地域とのかかわり方も異なる。研究者、実務者、NPOなど多様な専門家がチームを組んで話を聴く

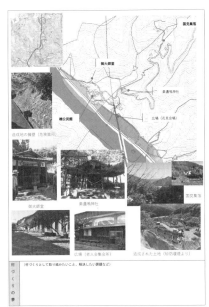

図5　地区カルテの例（抜粋）

ことによって、興味関心をもつポイントが異なり、多様な視点から住民との意見交換が弾んだ。時には話題が発散し、先に紹介した住民の言葉どおり、何を調べに来たのかと疑問をもたれることもあったが、防災・減災に特化せずに地区を知ること、学ぶこと、多様な情報を引き出すきっかけとなった。

　調査結果は図5のような形式でまとめて自治会間で共有した。以下に集落調査の過程で確認された、いくつかの気づきを紹介する。

● **自分たちで集落環境を維持していることへの誇り**

　すべての自治会で、道路、河川敷等の草刈り、公民館や下水処理施設の清掃など、集落の維持管理を熱心に取り組んでおり、年に5〜10回程度、集まって活動している。その他にも登山道、駅のトイレの清掃、空き地の草刈りを行ったり、「道づくり」と言って集落内の里道の整備を行っている自治会もあった。

　十数軒しかなく、60歳以上の住民しかいない自治会や、もともとは大阪など都市部から移り住んだ人が多い自治会では、このような地域活動に負担を感じている人も多いという。「すぐに草が生えるんやなぁ」「年に2回は行政が刈ってくれるが、いつもわしらが刈った後に来るんじゃ」「協力をお願いする自治会長が苦労している」などさまざまな愚痴も聞かれた。

　しかし、筆者ら聴き手が「よくもそんなに何度も皆さんが集まって、すごい

ですね」と驚いていると、「他の地区と比べてみてほしい。本来、道路管理者がすべき道まできれいに草刈りされているのは、うちだけだ」、「『細野土建組合』と呼んでおり、ユンボを2台も持っていた。神社の参道を帰りに見ていって。3年かけて整備し、高齢者も参拝しやすくなった。(図6)」と最後には自慢話になることが多く、集落環境を維持管理していることに強い誇りをもっていた。

● **大切にされている伝統行事**

氏神を大切に祀り、春、夏、秋と季節ごとの神事をはじめ、秋祭りを開催する自治会が多く、日参(当番制で地区の安全を祈願する活動)をしている自治会が6地区もある。ただし、祭りの獅子舞や子ども神輿が今も盛んな自治会は2地区と少なく、なくなってしまって数年経つ自治会も多い。

赤松地区は真言宗のお寺の檀家が多く、御大師講やお接待などの宗教行事を続けているところもあり、「掛け軸回し」「御膳番」「数珠回し(図7)」などが行われている。その他に、

図6　整備された氏神神社への参道
(細野自治会)
(図6〜図12:筆者撮影)

図7　数珠回し(倉尾自治会)

年始の「とんど焼き」は、ほとんどの自治会で行われており、新しい住宅団地の自治会でも唯一の地域行事として実施されている。

● **維持できなくなってきている組織活動**

氏神の神事はじめとする宗教行事が維持されている一方で、子ども会、婦人会、高齢者クラブなどの組織活動の維持が難しくなっている。子ども会が今も健在なのは2自治会のみであった。健康体操やグランドゴルフが盛んに行われている自治会もあれば、婦人会も高齢クラブもなくなり、地区内の活動が減っているところもある。

そのなかで、岩木園区はもともと、岩木谷集落として氏神が一つであること

から、古くからある3自治会と高度経済成長期に造成された住宅団地の2自治会の計5自治会で、伝統行事をはじめ地域交流会・ホタルウォークや圭介まつり、新年互礼会などを行っている。「岩木園区でまとまって行事ができることで助かっている」と岩木園区のなかで最も小さい石戸自治会の人は語っていた。

● 地域資源や知恵の共有に課題

岩木園区は、明治維新時代に活躍した大鳥圭介の生誕地があり、前述した圭介まつり（5月）をはじめ、圭介茶屋（圭介生誕地記念館）を5自治会の当番制で担当し共通の資産となっている。岩木園区以外の赤松園区、大枝園区には、もう一人の地域の偉人である「赤松円心」ゆかりの歴史資源が点在している。各自治会それぞれに「赤松円心の史跡ルートをつくりたい（図8）」「農作物に円心の名

図8　史跡ルートの候補となっている宝林寺裏山の奥の院からの眺め
（河野原自治会）

前をつけてブランド化したい」など、さまざまなアイデアをもっているが、自治会を越えて協議したことはないという。

防災・減災面では、すべての自治会において安全に避難できる場所がなく、町が指定する避難所（苔縄自治会に立地する子育て支援センター）に行くには、河川の横断、長距離の移動が必要であり、避難勧告が発令された後では、多くの人が避難することが困難な位置となっており、どの自治会でも避難はできない、しないと語った。

一方で、過去に何度も水害に遭っている地区であることから、防災にもしっかり取り組んでいる自治会がいくつかあった。赤松自治会では、昼間は集落には女性や高齢者しかいないことを考慮し、自主防災組織の下部組織として「自衛消防隊」を設置し、女性や高齢者が隊員となって月1回の消火栓の点検や消火訓練を実施している（図9）。また、大枝新自治会では、独自の災害時要配慮者名簿を作成し、声かけ、避難誘導支援担当を決め、年1回の防災訓練時に確認している。また、河川水位の状況に応じ

図9　自衛消防隊の取り組み
（赤松自治会）

た行動プログラムを作成している。

　上記のようにすばらしい取り組みが行われているが、それらが他の自治会の者が聞いたり、見たりする機会はなく、知恵の共有はできていない。

⑷　集落調査の効果

　集落調査では、第三者として参加した筆者らにとっては、統計情報など客観的な情報だけでなく、自治会館内に掲示されている昔の写真（図10）や自治会対抗競技の賞状などから、各自治会の歴史を肌で感じる機会となったほか、各自治会間の距離感や道路や河川などインフラの状況、家屋や田畑の利用状況を確認する機会となり（図11）、「指定避難所には行けない」という住民の声を自身の身体感覚でもって確認することができた。また、女性や地区の長老など複数住民との対話の機会を得ることとなった。一方、調査に協力した自治会では、今回の調査を機に自治会の運営資料の整理や地区の長老への聞きとりなど、自治会長らが地区の状況を再確認している様子が見られた。ある地区では自治会館の倉庫に眠っていた昔の地割図の発見につながった（図12）。

　集落調査は、第三者が対象地の状況を確認することに加え、第三者と住民の信頼関係をつくる第一歩となる。さらに住民自らが地区を再確認、再発見する機会となる。

　このような調査は、農山村の活性化事業などで用いられる手法であり、

図10　公民館に展示されている婦人会の写真（苔縄自治会）

図11　竹林管理の説明を聞く（大枝新自治会）

図12　発見された集落の地割図（柏野自治会）

さまざまな取り組みで紹介されているものと同様の効果を得ることができたといえよう。また、今回は地区住民が自身の自治会以外の調査に参加するという新たな試みを行った。そのねらいは、集落の消滅の危機が迫るなかで、住民自身が自身の自治会のことだけでなく、少し視野を広げて地域を知り、地域として持続可能な方法を考え、計画的とは言わないまでも自らが地域の縮退を正面から考えるきっかけになればと思い試行した。

　今回は2ケースしか実現しなかったが、住民が他の自治会の調査に参加することは、他の自治会の取り組みを知る機会となり、自身の自治会の取り組みと比較し考える機会となっていた。同じ連合自治会であっても、谷が違えば空間的な共通性は感じず、同じ園区内では過去に行っていた運動会の地区別対抗リレーなどさまざまな場面で競い合ったライバル関係にあり、自治会間の情報共有は意外にも少ない。このため、第三者が各自治会を回ることが、媒介となり自治会間の情報交換、共有の機会として機能する可能性をもつという発見があった。

3　地域で取り組みたいことを考える —— 村づくりの夢マップ

⑴　夢を書き出し、分類整理

　安心・安全むらづくり会議では、自治会ごとに「村づくりの夢カード」を配布し、防災・減災にかかわらず将来の村の夢を自由に書き込んでもらった。その内容を第2回安心・安全村づくり会議（2019年7月20日実施）で発表してもらい、類似や関連性のある内容をまとめたのが図13である。

　実際のカードは3園区（赤松、大枝、岩木）ごとに縁を色分けし、自治会を越えて共通している課題や取り組みたいプロジェクト、反対に園区ごとに異なる課題などが視覚的に確認できるよう工夫している（本稿ではそれをグレーの濃淡と線種で表現した）。その結果、農産物のブランド化や観光ルートの設定など、自治会を越えて連携すべき取り組みが確認できたほか、空き家の解消と集まれる場所、居心地のよい場所づくりなど、課題間相互での解決の糸口が見つかるなど、これからの村づくりで取り組むべきことが見える化された。

⑵　防災・減災につなげる

　この結果を防災・減災に活かせる可能性について表4に整理し、あらためて

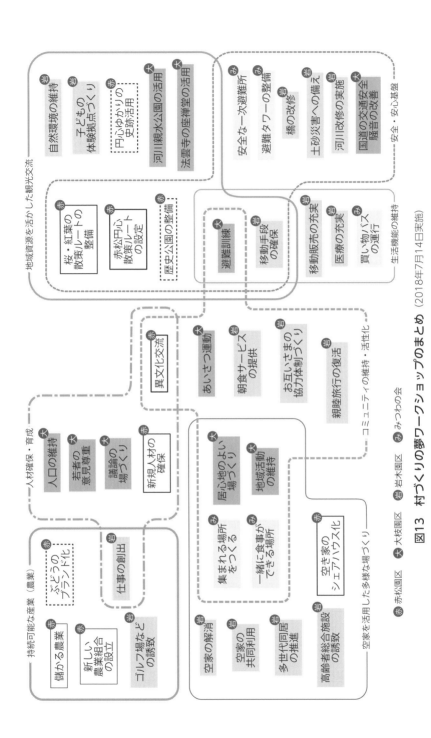

図13 村づくりの夢ワークショップのまとめ（2018年7月14日実施）

何を優先して取り組みたいか自治会ごとに意見をまとめた。例えば、「赤松円心ゆかりの散策ルートづくり」ではあれば避難ルートと連携した整備として考えてみることであったり、「空き家を集落の集会施設として活用する」であれば集落内の緊急避難場所や福祉避難所としての活用が検討できるのではないかといった具合である。

　赤松地区全体では「あいさつ運動」「新しい農業」「買い物サービスの確保」が6割以上の自治会で村づくりとして取り組みたい、または取り組む必要があると認識していることがわかった。

　園区別にみると、赤松園区では「赤松円心ゆかりの散策ルートづくり」に全4自治会とも取り組みたいと思っていることが確認できた。また岩木園区は、鉄道から離れていることもあり「移動手段の確保」について他の園区よりも課題として認識している自治会が多かった。

　なかに「少子高齢化に抗えないことは理解しているが、一人でも若者を増やすことは、防災につながるのではないか」と発言する人がいた。筆者らが「もちろんです」と答えると、おのおのに「〇〇に取り組むことも防災やんな（だよね）！」と一気に勢いづいた。

　実際に赤松園区では営農組合設立に向けて動き出し、買い物サービスの確保には、生協の移動販売サービスを岩木自治会が取り入れたことから、他の自治会にも広がり始めている。こうした、日々の生活の不便を改善し、生業の活性化を図るなど、防災・減災とは直接関係ないように見える個々の地域活動を「防災・減災にも役立つ」と捉えなおし、自然体で活動することが、防災・減災活動の持続可能性を担保し、いざ災害が起こったときに〈助かる〉体制づくりにつながっていくのだといえる。

4　一番取り組みたいことに ＋ α（プラスアルファ）（防災・減災）して実行する
── みんなが〈参加できる〉白旗城まつりプロジェクト

(1)　取り組みのきっかけ

　本章2節(1)項で紹介したように、われわれとの初回の会合で連合自治会長が語った「村づくりは、自分たちの地域を、自分たちで考えて、自分たちで活動しないといけないと思っている。祭りは、地区の発表会であり、地区の人がどれだけ参加してくれるか、他地域の人が来てどのように評価してくれるかが問

表4 村づくりメニューと防災・減災の関係

大分類	メニュー	内容	防災・減災との関係・可能性
地域資源を活かした観光交流	円心ゆかりの散策ルートづくり	円心ゆかりの史跡等を結び、桜や紅葉など季節を感じる散策ルートを整備する。	避難ルートと連携した整備を検討する。
	（仮称）上郡歴史公園	円心ゆかりの散策ルートの拠点として整備する。	安全な広域避難所、救援物資拠点等としての活用を検討する。
	集会施設としての活用	各集落ごとの身近な集会施設として活用する。	各集落間の一次避難所、福祉避難所としての活用を検討する。大規模災害時の避難者受け入れ施設としての活用も検討できる。
空家を活用した多様な場づくり	高齢者・子どもの憩いの場	高齢者や子ども等を対象とした食堂、憩いの場として活用する。	各集落間の一次避難所、福祉避難所としての活用を検討する。大規模災害時の避難者受け入れ施設としての活用も検討できる。
	シェアハウス	高齢者の共同住宅や外国人、移住者等の住宅として活用する。	各集落間の一次避難所、福祉避難所としての活用を検討する。大規模災害時の避難者受け入れ施設としての活用も検討できる。
	民泊	観光客や合宿、子どもの野外活動等の宿泊施設として活用する。	各集落間の一次避難所、福祉避難所としての活用を検討する。大規模災害時の避難者受け入れ施設としての活用も検討できる。
持続可能な産業（農業）	新営農組合（新しい農業形態）	自治会を超えて連携した農業振興、維持。	集落間の連携強化になる。
	農作物のブランド化（儲ける農業）	お米、ぶどう、いちじく等、地区内の農作物のブランド化。農作物のパッケージ化、加工品等の開発。	集落間の連携強化になる。

分類	項目	内容	まちづくりとの関係性
人材育成・確保	新規産業の創出	学校跡地を活用した野菜工場、農作物の加工場など、地域資源を生かした新産業の創出。	災害時の支援者候補となる活動人口の確保となる。
	村づくり会議	若者、女性、障害者など多様な住民が協議し、村づくりを考える場を設置する。	多様な主体の役割分担、地域の担い手確保となる。
	異文化交流	外国人をはじめさまざまな出身地の新住民がもつ異文化との交流を図る（例：各国、各地域の料理試食会）。	災害時の支援者候補となる活動人口とのコミュニケーションの充実。顔の見える関係強化となる。
	あいさつ運動	どこでも、だれにでも挨拶する運動の実施。	顔の見える関係強化となる。
コミュニティの維持・活性化	地域食堂	高齢者への朝食サービス、子ども食堂など、地域で一緒に食事ができる場所、時間、サービスをはじめる。	災害時要配慮者の外出機会の確保となる。顔の見える関係強化となる。
	親睦旅行	自治会又は趣味の会などの親睦旅行の活性化。	「早めのみんなで避難」の予行演習として位置づけて取り組むことも検討できる。
生活機能の維持	移動手段の確保	福祉タクシーの利用促進、ライドシェア（自家用車の活用）の導入などを検討する。	災害時要配慮者の外出機会の確保として位置づける。避難のための健康維持として位置づける。
	買い物サービスの確保	お買い物バス、移動販売車、共同購入など、買い物サービスの充実。	災害時要配慮者の外出機会の確保として位置づける。避難のための健康維持として位置づける。
	医療の充実	訪問診療などの充実。	災害時の医療連携の充実が図れる。
安全・安心基盤※	避難行動計画	集落内避難の場所、指示系統の確認。個別避難避難計画の作成、共有化など。	（散策ルート整備や空き家活用などと統合して検討する。）
	土砂災害対策（避難場所の確保）	レッドゾーン隣接家屋の計画的移転、避難タワーの整備検討など。	（観光拠点整備などと統合して検討する。）
	交通安全・環境（国道バイパス）	土砂災害対策も含めた総合的な検討。	（避難ルート、緊急物資の搬送路の拡充など複合機能を位置づけることも検討する。）

※安心・安全基盤のメニューでは、村づくりの関係性を示している。

われている」という語りは、赤松地区の村づくりを考えるうえで、最も大切にしていくべきことと筆者らは認識していた。

　集落調査（2節）では、15自治会それぞれに事情が異なり、独立し、個性を発揮しているが、「白旗城まつり」は全自治会が参加、協力して開催していることがわかった。調査時には「地区住民に協力を呼びかけるのは大変である」「連合としておつきあいで協力している」といった声も聴かれたが、25年も続けてきた実績によって赤松地区だけでなく上郡町の看板事業となった。年々参加者数が増えるなど一定の成果をあげており、調査のなかで白旗城まつりが話題になることは頻繁にあった。赤松地区では2011年に赤松小学校が閉校し、15自治会のシンボルを失った。しかし、唯一全自治会が参画して実施する白旗城まつりは、どの自治会にとっても地域行事として定着していることが理解された。

　赤松地区との本格的な協働実践が始まる前の2017年11月23日（祝日）に筆者らは、この白旗城まつりを視察していた。そのなかで研究会メンバーの鞍本は「大変にぎわっているが、車いす利用者など障害者の参加が見えない」と指摘していた。

　何度も重ねる対話のなかでわれわれは次のような質問をした。

　「まつりにはどれくらい地区住民が参加していますか？　外出が難しい人とか、高齢者施設に入所されている住民の人は参加されているのですか」（2018年4月19日）

　この質問に対し、連合自治会長は「確かに、祭りの参加者は年々増えているが地区外からの参加である。スタッフとして大勢の住民に協力してもらっているが、一般参加について声かけをしたことはない」と回答した。そして何か思いついたかのように「今年は25年の節目だ。歴代の実行委員長に声をかけてもいいかもしれない」と少しうれしそうに語った。そして、災害時要配慮者の課題や赤松地区では避難する場所が少ないなかで早めの避難が大切であることなどを協議し、その日は終了した。

　2018年5月8日に開かれた連合自治会の場で、連合自治会長は「まつりは赤松地区の発表会である。年々外部からの参加者が増えて盛り上がっているが、25年の節目を機に、地区住民が一人でも多く参加することに取り組み、白旗城まつりを楽しんでもらいたい」と呼びかけ、高齢者などの参加支援を実施していくことになった。

このような経緯で取り組むことになった白旗城まつりの参加支援は、赤松地区の住民が夢マップづくりの中で気づいた「○○○も防災やんな」という発想による初めての活動である。まつりにみんなが参加できるよう、高齢者や障害者など参加に支援が必要な人への配慮という＋αを実行すれば、災害時にこうした避難行動要支援の人たちと早めに避難する訓練になるのではないだろうか。そういった仮説をもって取り組んだ。

(2)　誰もが〈参加できる〉ための準備

　本書では助ける人と助けられる人を峻別して考えない。助けること（だけ）を考えるのではなく、助けられること（だけ）を考えるのではなく、誰もが〈助かる〉社会を構築することをめざしている（第1章）。ここでも、一人でも多くの住民をまつりに参加させることではなく、高齢者や障害者などがまつりに参加させてもらうのではなく、みんなが〈参加できる〉まつりをめざすこととした。まずは自治会長が中心となって、65歳以上の高齢者の名簿を作成することから始めた。しかし、自治会長だけでは、マンパワーが不足するため、2018年9月21日に開かれた社会福祉協議会主催の研修の場で民生委員、協力委員、福祉委員に協力を求めた。すると、寝耳に水だった民生委員、福祉委員から疑問の声、不安の声が多数寄せられ、翌週に連合自治会長と民生委員の代表で緊急会議をもつことになった。

　なかなか理解が得られないなかで、救ってくれたのは民生委員のBさんだった。Bさんは研究会が2018年7月31日～8月1日にかけて実施した高知県幡多郡黒潮 町 浜町地区（第6章3節参照）との交流会に参加し、当該地区の民生委員と話し込む姿がみられていた。Bさんが「取り組みの趣旨はとても大事なこと。いろいろ不安はあるけど、まずはやってみましょう」と民生委員代表を説得したことから、前へ進めることになった。

　次の課題は移動手段など環境整備である。まつりの会場から遠い集落では5～6キロメートルも離れており、車でしかアクセスできない。上郡町役場は消防庁の委託事業を活用して、送迎バスを3台用意したほか、車いす利用可能な仮設トイレなどを準備した。

　連合自治会長が集計した参加者名簿に基づき、連合自治会役員がバスの運行ルートを作成し、民生委員がサポート体制の計画を作った。さらに、参加してくれる人に何かおもてなしが必要ではないかという話になり、急遽、炊き出し訓練ならぬカレーライスのおふるまいを、地区の婦人サークルに協力を依頼し、準備することになった。そして、当日を迎えた。

⑶　当日の様子

　当日は、明け方まで小雨が降っていたが、開始時間には秋晴れのさわやかな天気で迎えることができた。約200人分のカレーライスは前日に仕込み、当日は朝の5時から準備が始まった。

　会場設営は7時半から開始され、消防団が駐車場の誘導係に、各自治会でテントや模擬店の準備、鎧かぶとの会は武者行列の着付けと、流石に25回目ということで、慣れた様子で会場の準備は整っていった。

　自治会長や民生委員による声かけで参加することになった65歳以上の高齢者は161人、その内、バス利用者は54人だった。それ以外に自治会役員や出店者として参加した65歳以上の住民146人を加えると、全高齢者579人中307人が参加したことになり、高齢者の参加率は53パーセントとなった。

　バスは3コースに分かれて巡回し、事前に当人と相談してきめた場所（公民館前や橋の袂、集まりやすい居宅前など）を停留所代わりに停車し、1か所あた

a　バスで到着して会場に向かう参加者

b　優先観覧席の様子

c　カレーのおふるまい

d　帰りのバスに乗りこむ参加者たち

図14　白旗城まつりにおける避難訓練、当日の様子
（a・c・d：上郡町提供、b：赤松地区連合自治会提供）

り2〜3人ずつ乗車していき、祭り会場へ向かった。バスには民生委員、福祉委員が2〜3人同乗し、バスが停留所に到着し住民が乗車するたびに「久しぶり、元気にしてた？」と声をかけあい、参加者たちの会話が弾んだ（図14a）。

　会場では、総合受付と高齢者優先観覧席へ誘導する係、車いす利用者の補助、その他見守りで役割分担し、民生委員、福祉委員32名が従事し、大きな事故もなく無事に終えることができた（図14）。

(4)　参加者、協力者の感想

　参加者には当日、会場での聞き取りを行い、協力者にはアンケート調査を実施し、2018年12月5日にふりかえり会を開催し、結果の共有を図った。それらの結果をもとに、今回の試行の効果と課題を考察する。

　参加者の約半数は、数年ぶりに白旗城まつり参加することになった（図15）。まつりに参加するために必要な配慮として、バスによる送迎に加えて、住民による声かけを求める人が比較的多いことが確認できた。

　参加者の感想には、「前は自転車で来ていたが乗れなくなったので、バスの送迎があって助かった」「昨年、免許を返納したのでバスの送迎はありがたい」といったバス送迎の直接的な効果を確認できたほか、「参加してよかった。旧知の人と会えて楽しいひとときを過ごせました」「久しぶりに地区外の人と会えて、買い物も楽しかった」といった、まつりに出かけることで地区内外の人との再会を喜ぶ声が多数聴かれた。さらに「自分がこんなに（会場内を）歩けるとは思わなかった」という感想もあり、外出することの少ない高齢者がまつ

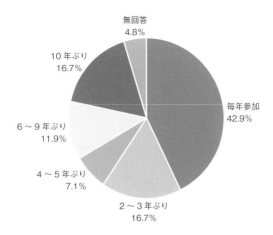

図15　白旗城まつりの参加状況 (回答者数42人)

りへの参加を通じて、外出への自己
効力感を高めている様子もうかがえ
た。

　ある参加者が、持ちきれないほど
の買い物をして、送迎バスを降りて
からも立ち話をする様子に、今回の
取り組みの効果が語られているとい
える（図16）。

　自治会役員、民生委員、福祉委員
などの協力者は8割がよい取り組みで

図16　バス降車後も歓談する住民
(筆者撮影)

あったと評価する一方で、取り組みの継続の是非を問うたところ、取り組むべ
き（41パーセント）、取り組まなくてもよい（12.8パーセント）、わからない
（43.6パーセント）という結果となった。この結果から読み取れるように、効
果も確認されたが課題を感じた人も多かったようだ（図17）。

　効果としては「一人ひとりの状況を確認するよい機会になった」「白旗城ま
つりへの参加なので呼びかけがしやすかった」「サポートしている人もいい笑
顔だった」と協力者が地域の高齢者とかかわる機会として評価している。参加
者についても「いつもより年寄りや車いすの人が多く見られた」「日頃会う機
会のない人が出会えて喜んでおられた」という感想も確認された。さらに取り
組みを通じて「自治会と民生委員など各団体と話すことにより理解が深まっ
た」という感想もあり、地域の連携体制の強化にも寄与したと考えられる。

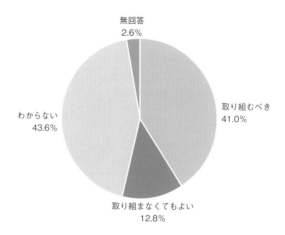

図17　継続的な取り組み意向（回答者数：39人）

一方、課題としては「本当に動きづらい人には、玄関先まで送迎できる体制が必要」「今回の取り組みでも参加できなかった人が災害時の避難では課題である」といった意見があった。まつりへの参加の声かけを通じて、地域のなかで本当に外出が困難な人、つまり一人では避難できない人への気づきがあったといえる。そして「災害時の早めの避難につなげていくような工夫が必要」といった取り組みの発展を示唆するような意見も聞かれた。

　今回の取り組みは、むらの発表会である白旗城まつりにみんなが〈参加できる〉ようにしようと取り組んだものである。そしてまつりの参加を通じて、外出が難しくなっている高齢者の避難訓練になるだろうと想定した。地域の高齢者がまつりに〈参加できる〉ようにするためには、誰が何をどのように取り組むべきか考えた結果、名簿づくり→移動手段の検討→会場での配慮の検討→参加の声かけ→参加者へのおもてなしの検討→実施という一連の取り組みが展開された。図18に示したように、この一連の取り組みは、現在、国が喫緊の課

図18　今回の取り組みと防災・減災活動との関連性
(ひょうご震災記念21世紀研究機構，2019，p.8)

題として推進しようとしている災害時避難行動要支援者の個別支援計画の策定、それに基づく避難訓練とほぼ同様の内容になっている。まつりへの参加支援は、災害時避難行動要支援者への取り組みに代用できるといえるのではないだろうか。

　そして、今回の取り組みを通じて最も大切なことは、決められた制度に基づいて取り組んだのではなく、いずれも一人でも多くの住民に白旗城まつりに参加してもらいたいという思いから自然発生的に生まれた行動であること。地域の人が地域の人ために自ら考えて工夫して行動した成果として実現できたことである。そして、自治会だけで対応できないことは民生委員や福祉委員に協力を求め、バスの準備などは行政に協力を要請し、カレーライスのおふるまいは、料理が得意なグループに依頼するなど、みんなが祭りに〈参加できる〉ようにするために地域住民が協力し、それぞれが知恵をだして、できることを担うことで〈参加できる〉ようになったのである。

5　活動の記録として地区防災計画をつくる

　2017年12月から1年半にわたり、安全・安心村づくり会議、集落調査、みんなが〈参加できる〉白旗城まつりプロジェクトに取り組んだ。それらの記録をつくるという位置づけで「地区防災計画」を作成した。

　地区防災計画とは、2013（平成25）年に災害対策基本法の改正により、地域住民による、地域住民のための減災活動を推進することを目的に創設されたものである。この制度により、町内の一定地区の居住者および事業者（地区居住者等）が行う自発的な防災活動に関する計画（地区防災計画）を、自治体の地域防災計画のなかに位置づけることができる。

　矢守（2017）は、地区防災計画の四つの誤解とポイントを表5のとおりに整理している。赤松地区の計画ではどうだったのか、順にみていこう。

　①は、今回は、われわれ研究会と協働しながら住民自らが実施したことに基づき計画を策定するので、住民がやってきたこと、やりたいことを地区防災計画制度を活用して「住民から行政へ」提案する計画となっている。②は、すでに活動した実績に基づいて計画書をまとめた。このため、計画書やマニュアルをつくることは目的外であり、あくまでの活動の中から生まれた副産物である。③についても、もともと地区防災計画を策定するために取り組んだことではなく、どのように展開されるか不確実ななかで、ある意味、偶然ともいえる取り

表5　地区防災計画の四つの誤解とポイント

①**地区防災計画は行政が行うことではありません。**
「行政から住民へ」と防災の担い手の幅を広げ、小さなことでも良いので、住民主体で何かに取り組むこと、それが地区防災計画です。行政はその手助け役です。

②**地区防災計画は計画書を作ることではありません。**
計画書やマニュアルなど書類を作ることが目的ではなく、住民の視点、地区の特徴を活かした活動を実際に進めることが地区防災計画です。

③**地区防災計画はどの地区でも一緒ではありません。**
「お隣では津波避難訓練をしているからうちでも……」ではなく、自分の地区の特徴を生かして、自分の地区にしかない「オンリーワン」の活動を手作りで！

④**地区防災計画は一度きりで終わりではありません。**
地区防災計画とは、一度何かを実施して終わりではなく、「計画→実施→ふりかえり」を繰り返して、改善を重ねながら長期間続けていくものです。

（矢守，2017，pp.3-8より）

組みであり、他にはない白旗城まつりを活用した避難訓練は明らかにオンリーワンである。そして、④については、地区防災計画の表紙に Ver. 1と記し、当面2年間の活動計画と位置づけ、2年ごとに更新することとした。以下に本計画の特徴を紹介する。

(1) 計画目標と方針

計画の目標を「みんなが助かるむら・赤松」とし、以下の六つの方針を掲げた。

●方針1　村づくりのなかで"減災"に取り組む

これまで取り組んできた村づくりやこれから取り組んでいきたい村づくりのなかで"減災"に取り組むことを考えます。日頃の村づくりが災害時に"自然"と助け合える地域をつくるという理念で取り組みます。

●方針2　一人ひとりが地域の一員として役割をもつ

助ける人、助けられる人という考え方ではなく、一人ひとりが地域の一員として、できることを考え、それを足し算していくことで助かる村づくりを考えます。例えば、寝たきりの高齢者の方は予め「早めの避難」に同意しておくなど、みんなが助かるために、一人ひとりの役割を考えていきます。

●方針3　住民以外の人も仲間にする

地域には、住民以外にも働きに来ている人、遊びに来ている人、住民のだれかを訪問している人など、さまざまな人が活動しています。日頃から住民以外の人とのコミュニケーションを意識し、緊急時には共に助け合う仲間として認

知しておきます。

●**方針4　情報を共有・発信し、他地域とも交流する**

自治会同士の情報共有をはじめ、私たちの取り組みを発信し、他地域との交流を図り、新しい情報の入手、相互支援の関係づくりに取り組みます。
本計画策定でつながった、高知県黒潮町や丹波市、神戸市長田区など、今後も、それぞれの活動から学びあい、交流していきます。

●**方針5　あせらず一つひとつ継続的に取り組む**

できることから一つずつ実行し、失敗を繰り返しながら改善していきます。継続は力なりを合い言葉に、私たちができることを、私たちのために、あせらず取り組んでいきます。

●**方針6　いざとなったら臨機応援に**

本計画はすべてに対応できるマニュアルではありません。いざ災害が起きたら、臨機応援に取り組むということを念頭に、村づくりのなかで減災に取り組んでいきます。

(2)　三層構造の活動計画

活動計画は、連合会として取り組むこと、複数の自治会が連携して取り組むこと（連携プロジェクト）、それぞれの自治会で取り組むことの三層構造で構成することとした（図19）。これにより、すでに各自治会で取り組んでいることを活かし、また、本計画を機に連携するからこそ取り組める事業を自由に位置づけられるようにした。

図19　三層構造の
イメージ図

(3)　実践結果にもとづく「楽しい早めの避難プロジェクト」

地形的にも距離的にも、避難勧告が発令された時点で指定避難所へ避難することは難しい実情と、個々の避難については自治会単位でしか取り組めないことから、自主防災連合組織としては、高齢者や障害者など要配慮者の「早めの避難」に取り組むことをプロジェクトとして位置づけた（図20）。
そして「早めの避難」を実現するには、みんなが〈参加できる〉まつりプロジェクトでの経験に基づき、「一人で避難する人はいない。一人ひとりへの声かけが大切」「避難先が楽しく（快適）ないといけない（そうでないと声かけもしにくい）」という2点を重視して取り組むこととした。その実践として、まずは白旗城まつりへの参加支援を継続的に行っていくことにしている。

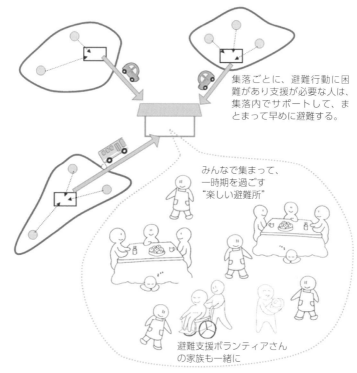

集落ごとに、避難行動に困難があり支援が必要な人は、集落内でサポートして、まとまって早めに避難する。

みんなで集まって、一時期を過ごす"楽しい避難所"

避難支援ボランティアさんの家族も一緒に

図20　楽しい早めの避難のイメージ図

（赤松地区連合自治会，2019，p.7）

6　翌年の白旗城まつり —— さらに誰もが〈参加できる〉工夫

　赤松地区連合自治会、赤松地区自主防災組織連合会、赤松地区むらづくり推進委員会では、2018年に引き続き2019年度も「みんなが〈参加できる〉白旗城まつりプロジェクト」に取り組むこととなった。

　前年度の反省点を踏まえて、さらに誰もが〈参加できる〉にはどうしたらよいかを考え、工夫をこらしたことがある。以下の5点について取り組みに変化があった。

⑴　コア会議の開催

　1年目は配慮が必要な高齢者の参加支援を行うには、自治会だけでは対応が難しく、急遽、民生委員、福祉委員への協力を求めた。しかし、充分な打ち合わせができず、考え方に齟齬が生じたことから2年目は連合自治会三役、民生

委員、福祉委員の代表で構成されるコア会議を設け、一緒に考える時間を増やした。

(2)　自治会長会、実行委員会での議題として定着

1年目は安全・安心の村づくり会議を設けて、当該取り組みを検討してきたが、2年目は祭りの準備の一環として位置付けられ、自治会長会、祭りの実行委員会において議題の一つとして必ず設けられるようになり、別途会議を行う必要はなくなった。

(3)　一人一役台帳：高齢者名簿に協力欄を設ける

65歳以上の地域の高齢者に祭りの参加を呼びかけるために名簿を作成している。しかし高齢化率が40パーセント近い当該地区では、高齢者の参加を支える人も高齢者である。そこで名簿には要配慮事項だけでなく、看護師であったとか教師であったというような職歴や趣味など得意とすることを記述できるように変更し、名簿は一人一役台帳としても活用が可能となった。

(4)　本人への声かけ：チラシの配布

家族の判断で参加しない高齢者がいたこと、高齢者同士の誘いあいが大切であることがわかったため、2年目はできるだけ本人に声かけすることを目指して、取り組みの趣旨を正確に伝えるためのチラシ（図21）を作成し、全世帯へ配布した。その結果、2年目も数年ぶりに参加した高齢者が22人に及んだほか、参加のきっかけは自治会からの声かけと回答した人が約6割を占めた。直接、声をかけることの大切さが再確認された（図22）。

参加者からは、1年目と同様に久しぶりに地域の人たちとの再会を喜ぶ感想が多数聴かれ、「心の洗濯になった」「若返った気持ちになる」「気分転換ができる」など、祭りの参加が元気の素になっているようであった。

協力者からは「在宅高齢者は外出の機会が少なく孤立しがちであるが、こういった場を提供することにより生きがいと

図21　配布したチラシ

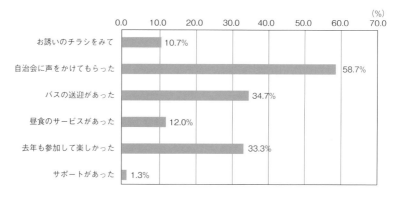

図22　白旗城まつりに参加したきっかけ (回答者数：75人、複数回答)

なり、活力の喚起につながると思う」という感想が寄せられた。避難訓練としても「災害時の要配慮者となる可能性のある方に初歩的な訓練であるが、訓練ができ、また私たち支援者にも災害時対応への意識をもてたことは大きな成果であると思う」と一定の理解が広まりつつある。また「まだ参加できていない人が短時間でも参加できれば」という、まだ参加できていない、参加していない人への気づきがあった。

(5)　グループホーム入居者への声かけ

　2年目の新たな取り組みとして、高齢者以外に岩木自治会に立地する知的障害者のグループホーム愛心園の居住者にも参加を呼びかけた。事前に自治会長が本プロジェクトの趣旨を説明し、参加を依頼した。

　愛心園は毎年、祭りに模擬店を出店し、知的障害のある人もスタッフとして祭りに参加していた。しかしグループホームに住む人たちに地区住民として祭りに参加してほしいと声かけすると、居住して10数年経つが一度も祭りに参加したことがないことが明らかになった。施設長は「これまで地域の行事に参加させてほしいとお願いに行ったことは何度もあるが、地域から参加してほしいと声をかけられることはほとんどなかった」という。これまで模擬店の手伝いをしていたのは障害が軽度の人で、グループホームに入居する重度の障害がある人たちは祭りの参加をあきらめていた。

　当日はグループホーム入居者12人のうち9人が、2人の施設職員と一緒に祭りに参加した。地域からは日頃からグループホームの手伝いに行っている住民2人と福祉委員代表が担当となり、買い物やトイレのサポートを行った。常に見守りが必要な重度の障害がある人たちであったが、おのおのの楽しみ方で武

者行列や模擬店の食事を満喫している様子が筆者らにも伝わってきた（図23）。施設職員は「これまで施設側で十分なサポート体制を確保できない限り、このような地域の場に参加することはなかった。地域の方に迎えられ、サポートしていただき、大いに楽しむことができたことは新たな経験となった。地域の仲間に入れてもらったように感じる」とふりかえりの会（2019年12月13日）で語った。

図23　武者行列を楽しむ参加者

(出典：筆者撮影)

7　「まちづくりに防災・減災を織り込む」方法とは

　日本は人口が減少に転じ、地域で活動する人が減り、自治会、婦人会、老人会など地域組織の見直しや、農地の管理といった生活空間の維持が難しくなる縮退時代を迎えている。そのなかで、防災・減災活動を熱心に行っている地域や興味・関心が高まった被災地などにおいては、防災からまちづくりへと総合的に展開していくことは効果的であろう。しかし、災害経験がない、防災・減災1.0（序章・第1章参照）で取り組んだ自主防災組織が形骸化しているような地域では、どうであろうか。行政や専門家が働きかけて、新たなツールを導入し防災・減災からアプローチすることも可能であろう。しかし、外部からの支援が途絶えた時、持続するのか、新たな課題が生じた時に発展性があるのか留意が必要である。

　また、これまでの防災・減災では高齢者や障害者、外国人といったマイノリティは助けられる対象としては認識されてはいるが、地域の一員として防災・減災活動に参加する場面はきわめて少なかった。そして防災・減災は平時の取り組みが大切であると言われ、平時にできていないことは災害時にはできない。このことを踏まえれば、テーマはなんであれ、まずは多様な人びとの参加の場、機会をつくることが求められている。だから赤松地区では祭りにみんなが〈参加できる〉ことに取り組んだのである。

　これは、誰もが〈助かる〉まち（むら）をめざして地域活動に防災・減災を織り込むということである。織り込むとは、防災・減災活動を既存の活動に加

えるのではなく、既存の活動に防災・減災を内包させることをめざす。市民主
導のまちづくりは複雑系であり（久保，2005）、複数の要因が相互に作用し合
って地域が成立している。であるから地域の事情に応じて、祭りでもエコ活動
でも景観保全でも、なんでもよい。地域が取り組みたい、実行している（した
い）まちづくりに、防災・減災を織り込むのである。

　このまちづくりに防災・減災を織り込むという方法が成立するために条件を、
アプローチの方法、地域ガバナンスのあり方、専門家の役割の3点から総合的
に考察する。

(1) 「提案」より「対話」から

　今回の取り組みは、集落調査（本章2節）というツールを使って、赤松地区
の潜在力（capability）を知ることから始めた。その結果、むらづくりとして
熱心に取り組んでいる「白旗城まつり」に着目し、防災・減災の要素（今回は
避難行動要支援者の移動支援）を織り込む結果となった。

　祭りが終わった後で連合自治会長は「実は研究会から防災の取り組み依頼が
あったとき、白旗城まつりの知名度があがるといいなと思って協力することに
した」と筆者らに話した。つまり、連合自治会長をはじめ赤松地区住民との何
度にもわたる対話が、祭りというむらづくりに防災・減災を織り込むことを導
いたと言えるだろう。専門家からの一方的な提案であったら、むらづくりに織
り込むことはできなかっただろうし、仮に一度は実施できても継続的な取り組
みへとは発展しないと言える。

(2) 課題解消型アプローチ

　現在、行政・専門家主導で進められている避難行動要支援者への対応策と比
較する形で、当該取り組みを振り返る。頻発する大規模災害において高齢者等
の被害が繰り返される中で、行政が避難行動要支援者名簿を作成し、自治会や
自主防災組織等に情報共有され、ケアマネジャーなど福祉事業者と地域との協
働の場を設けて、個別支援計画を策定することが喫緊の課題とされている。こ
れら一連の取り組みは課題に対して解決策が明示され計画的に取り組む「課題
解決型アプローチ」と呼ぼう。

　一方、「みんなが〈参加できる〉白旗城まつりプロジェクト」は、地区の発
表会である祭りに、住民みんなが〈参加できる〉ことをめざして取り組んだも
のである。以前は参加していたけれど、体力に自信がなくなったり、車が運転
できなくなったりして「参加できなくなった」人、今まで参加したことがなく、

何をしているのか知らず「参加していなかった」人、そして祭りのような大勢の人がいる場では迷惑をかけてしまうと思い「参加をあきらめていた」人に、「参加できますよ」と声をかける活動である。同じ地区に住む一人ひとりに、地区の発表会に「参加しませんか」と声をかけるために、名簿をつくり、送迎方法を考え、会場での心配りを考えた。

　本活動は、祭りから誰が排除されてきたのかを確認して、一人でも多くの住民を参加させることを目的とはしていない。同じ地区に住む一人ひとりに、地区の発表会に「参加しませんか」と声をかけただけである。そのただの声かけで「久しぶりに参加して楽しかった」「地域の仲間に入れてもらった」と感じる人がいて、「ゆっくり一歩一歩会場に向かうお年寄りの姿を見てうれしくなった」「愛心園の人たちが参加してくれて本当によかった」と思う人たちがいた。

　住民が、住民のために考え、実践を積み重ねた結果、自治会と民生委員等とのコミュニケーションが円滑になったり、災害時に避難行動が本当に困難な人や引きこもりの人の存在が認知されたり、ひとり一役を担う素地ができたりと副産物が連鎖的に生まれ、課題が自然に解消されている。そして、多くの自治体で避難行動要支援者名簿から外れている施設入居者の避難の課題が明らかになるなど、新たな地域課題が発見され、また実践を繰り返す。このように、地域における地域住民の自発的な創意工夫、活動が偶発的なことを含めて積み重なっていくことで防災・減災が進む様を「課題解消型アプローチ」と呼びたい。

　どちらに持続性、発展性があるかといえば、自明であろう。課題解決型は一見、合理的で効率がよさそうであるが、手段が目的化しやすく形骸化するリスクが高い。一方課題解消型アプローチでは、効率が悪く、まわり道のようであるが、地域事情に応じて地域が編み出したオリジナルの方法で、常に改善を重ねながら持続的に発展する可能性を持っている。このような活動の積み重ねが、まちづくりに防災・減災を織り込むということである。

(3)　順応的ガバナンスに照らして

　赤松地区で防災・減災をまちづくりに織り込むことができたのは、環境社会学者の宮内泰介がいう「順応的ガバナンス」（宮内、2013）の進め方に合致していたからともいえる。宮内の考え方を防災・減災のまちづくりの場面において説明しよう。

　本来、自然環境も人間社会も不確実性を伴っている。想定外の災害は起こり得るし、防災・減災は計画どおりには進まない。また、科学の「答え」と、社

会の「答え」はずれることが多い。例えば、東日本大震災の大津波を経験し、水深2メートル以上のエリアでは家屋の全壊率が急激にあがるという科学的根拠に基づき建築制限を設定し、数十年から百数十年に一度の津波には防潮堤で防御するという科学の「答え」に基づき復興計画が策定されたが、生業や景観などを含め社会を再構築するうえでは「答え」がずれていたケースもあった。

　順応的ガバナンスには三つのポイントがあるという。①試行錯誤とダイナミズムを保証すること、②多元的な価値を大事にして複数のゴールを考えること、③多様な市民による調査活動や学びを軸としつつ、大きな物語を飼いならして地域での再文脈化を図ることである（宮内, 2013, p.24）。この順応的ガバナンスのポイントから今回の取り組みを検証してみると以下のようになる。

　一点めの「試行錯誤とダイナミズムを保証する」とは、単一の仕組みに任せないで、複層的な仕組みをもち、曖昧な領域を確保しておくことである。今回は、地区防災計画の策定といった明確な目標はあえて設けずに、筆者らが赤松地区の村づくりを知る過程から白旗城まつりにおける避難行動を試行するに至り、その結果をまとめるという、ある意味、計画づくりの逆アプローチをとった。このことは、単一の仕組み（計画の策定）には任せず、複層的な仕組み（何から取り組んでもよい状況）をつくり、住民が取り組んでみてもよいと思い始めるまで具体的なアクションは起こさないという曖昧さを確保したといえる。

　二点めの「多元的な価値を大事にして複数のゴールを考えること」は、思い切って問題をずらして多元的な営みをしていくことである。従来の防災への取り組みでは、災害時のことだけを想定し、災害に関わる情報だけを分析し、災害時のためだけの計画や活動を行うことが多かった。しかし、今回の取り組みでは専門や地域とのかかわり方が異なる専門家がチームとして赤松地区にかかわることにより、地域の多元的な情報を引き出し、多様な視点から住民と協働してきたといえるだろう。そして村づくりの夢に防災・減災の活動を関連づけるという考えに至り、赤松地区の住民が「〇〇することも防災・減災やんな」と自ら言い始めるようになった。そして、白旗城まつりにおける避難訓練をはじめ、さまざまな村づくりのなかで防災・減災活動が展開されるといった多元的な営みになりつつある。

　三点めの「多様な市民による調査活動や学びを軸としつつ、『大きな物語』を飼いならして、地域のなかで再文脈化を図ること」とは、生物多様性の保全や地球温暖化の防止といった「大きな物語」のグローバルな価値を、鵜呑みにするのでも、頭から否定するのでもなく、自分たちの地域の文脈に埋め戻すことであるという（宮内, 2013, p.25）。防災・減災に置き換えて考えるなら、い

つ起きるかわからない巨大地震に備えること、災害時に誰一人取り残さないよう助け合える社会をつくることは、誰もが望む共通の価値といえ、取り組むことに反対する人は誰もいない。しかし、日々の生活に置き換えたときに「何からどのように取り組んだらよいかわからない」といった声や、年に一回型通りの避難訓練を実施してはいるが、防災・減災に役立つといった実感がわかず、活動が沈静化していくといった現象は全国各地でみられる。これは防災・減災の取り組みを自分たちの地域の文脈に埋め戻すことができていないことが原因といえる。赤松地区では、地域が一番熱心に村づくりとして取り組んでいる白旗城まつりに、みんなが〈参加できる〉よう工夫したことが、災害時の避難に配慮が必要な人を支援することにつながった。防災・減災の取り組みとして再文脈化されたといえる。

⑷　ネガティブ・ケイパビリティ

　今回、筆者らはそれぞれに専門性をもつ外部者として赤松地区にかかわった。まちづくりに織り込まれた防災・減災活動に携わる専門家の役割は、これまでの防災活動に見る専門家とも、特定分野で活動を展開する市民団体とも異なる。

　筆者らは、赤松地区の住民の声を丁寧に聴き、可能な限り赤松地区に通い、自身の経験を通じて地域、住民の声を理解するように努めた。そして共に行動し、共に考えた。つまり、伴走者としての外部者である。筆者らが外部者として問うたのは「(高齢者など) 参加できていない住民はいませんか？」という問いだけである。

　伴走する専門家に求められることは、早急に成果や効果を求めず、地域の潜在力に気づき、答えが出ない事態に耐える力「ネガティブ・ケイパビリティ」(帚木，2017) である。ネガティブ・ケイパビリティとは、「どうにも答えの出ない、どうにも対処しようのない事態に耐える能力」をさす。人間は「分かろう」とする性質をもつ生き物であり、その「分かる」ための究極の形がマニュアル化である。このため、専門家は明快な回答を求められることが多いため、地域との協働の場においても市民よりも先に提案してしまうことが多い。外部者である専門家が主導しては、防災・減災1.0に逆戻りしてしまうであろう。

　まちづくりに織り込む防災・減災では、専門家は問題を性急に指定したりせず、専門知識のみで解決策を見つけようとしてはならない。専門家は住民に寄り添い、丁寧に声を聴き、一緒にじっくり考え続ける伴走者としての外部者でなければならない。取り組みが前進するか否か不確かな状況に耐える能力が、住民の潜在能力を引き出す手立てである。まちづくりに織り込まれた防災の中

核をなす考え方である。

⑸　まちづくりに防災・減災を織り込むには

　まちづくりに防災・減災を織り込むには、住民と専門家の対話を通じて住民の潜在力（capability）を引き出し、課題解決をめざすのではなく、住民主体の活動を通じて課題解消をめざすアプローチをとる。そのためには、誰もが〈助かる〉社会という大きな課題に対して、試行錯誤を重ねながら、取り組みたいことから実行していき、わがまちのこととして再文脈化していく順応的ガバナンスが必要である。また、そこにはネガティブ・ケイパビリティという不確実性に耐えながら共に活動できる外部者が伴走していることが望ましい。

　まちづくりに防災・減災を織り込むとは、住民が主体的に取り組んでいる既存の地域活動、または住民が取り組みたいと思う地域活動に防災・減災を織り込むのだから、これまでのように専門家が開発した防災・減災活動を地域に付加したり、法律や制度で定められた活動に取り組んだりする従来の防災・減災の活動とは本質的に異なる。あくまでも住民の発意にこだわる。だから伴走者である専門家は、表出されてない住民の想いを掘り起こしながら、発意があるまでじっと待ち続けるのである。

　そして、まちづくりに織り込まれた防災・減災は、多様な人びとの参画へと接続しやすいと考えている。既存の活動あるいは住民が取り組みたい活動を発展させるのであるから、仲間を増やすにはどうすればよいか、多くの住民に喜んでもらうにはどうしたらよいかと考えやすい。高齢者や障害者といったカテゴリーで分類して包摂するのではなく、同じ地域に暮らす住民として参加を呼び掛ける機会を増やしていくことがインクルーシブなまちづくり、誰もが〈助かる〉社会へと近づいていくと期待している。

8　誰もが〈助かる〉社会像

　まちづくりに防災・減災を織り込むプロセスは、地域のコミュニティと防災・減災のあり方を改善する機会となる。常に改善を重ねながら持続的に発展する可能性を持つ「誰もが〈助かる〉社会」とは、どのような社会像であるのか示してみたい。

(1) 市民による自律的・継続的な改善運動である「まちづくり」

　21世紀の社会像である「市民活動社会」（小林，2013）とは、コミュニティ（地域社会）を基礎単位として、そのネットワーク化された状態も含めての維持・運営・発展に、コミュニティ構成員（多くはその住民）が活動主体として自覚的にかかわる社会である。そこで繰り広げられる活動の総体を「まちづくり」と呼ぶことができる。

　まちづくりを「地域における、市民による、自律的継続的な、環境改善運動」（小林，2011）と定義したい。すなわち「まちづくりとは運動である」ということだ。まちづくりとは、ある地域や地区において、そこの住民を中心に、自分たちの手でやり続けるその地域の環境改善の運動・活動ということである。重要なのは、「地域における」「市民による」という点で、地域住民が安全安心なまちをつくるための運動を自分たちが自律的に継続することである。

　そうした自分たちの手で進める自律的・継続的な運動は、行政の指示や経済のしがらみなどから「やむをえず」進めることでは限界がある。本章で紹介した上郡町赤松地区は、自律的に村づくりに取り組んでいた。だからこそ、行政が示した枠組みにはめ込むのではなく、自律的な村づくりに防災・減災を織り込んだのである。だからこそさらに地域改善運動が活発化することとなった。上郡町赤松地区では、白旗城まつりという素晴らしい活動があったから実現できたのではないかという見方もできるだろう。しかし、一見何も地域活動がないように思う地域であっても、さまざまな人びとが地域のなかで暮らしている。そこにはゴミ出しのルールがあったり、掲示板があったりと小さなつながりの芽がある。このような何気ない地域のつながりが基盤となって、地域に課題が生じたときには、自律的なまちづくりの運動が起こるのである。

(2) 「誰もが〈助かる〉社会」を支える力 —— 地域力・市民力・場所力

　まちづくりに防災・減災を織り込まれた「誰もが〈助かる〉社会」には何を必要とするのか？　本稿では①地域力、②市民力、③場所力の三つの力を基本となると考える。

　災害からの被害を最小に抑えるのは「地域の力」で、常日頃のまちづくりの積み重ねが非常時の対応力となる。大地震・大水害でも昨今の新型コロナウイルス感染症も、最中や直後の救助救援は、その地域での助け合い以外に頼るものはない。すなわち「自分でできることを、自分でする」ことであり、日頃から「やってないことは、できない」のである。地域が持つ潜在力（capability）

を活かすことが基本となるのである。

　しかし、地域力に限界があり、持続性や展開性に問題があることは明らかである。地域を超え、普遍的な課題を扱うNPO、ボランティアや専門家の協力支援が必要不可欠となる。ここで大切なのは、地域の伴走者に求められるネガティブ・ケイパビリティである。そして、行政や企業、他地域や外国からの救援支援は、そうした「市民の力」のバックアップとしてはじめて効力を果たすことも忘れてはならない。

　地域力と市民力が機能するためには、それらが顔を合わせ出会うことのできる「場所の力」が鍵を握っている。場所力が介在することによって、地域力は「プラットフォーム」を現場にもつことができ、市民力は「ネットワーク」を現場につくることができる。プラットフォームとは、誰もが自由にやってきて、そこから思いおもいにめざす目的に向かってともに出発する場所である。上郡町赤松地区では、防災・減災を考えるための「安心・安全村づくり会議」という場を設けたが、村づくりに防災・減災が織り込まれるプロセスのなかで自然に既存の「赤松地区むらづくり推進委員会」へと場を移行した。赤松地区むらづくり推進委員会のような、自由な論議、自主的な活動ができる集まり・機会・場を一般的には「まちづくり協議会」と呼び、このような場が自律的なまちづくりの基盤となる。

　ネットワークとは、構造的なピラミッド型ではなく、網目状に何となくつながった（インターネットのワールドワイドウェブが最も明確に示している）状態を示す。まちづくりにおいては、そうしたゆるやかなつながりがもつ情報共有が相互支援を助ける。そして「連帯」がそれらを支える原点である。みんなが〈参加できる〉白旗城まつりプロジェクトでは、地域力の基本である自治会を中心にスタートさせたが、民生委員や婦人サークル、社会福祉協議会などへの相談という情報共有を通じて補完していった。そしてプロジェクトをきっかけに、新たな連帯が生まれている。こうした「自律と連帯」を合言葉にした、まちづくりプラットフォームとまちづくりネットワークこそが、市民活動社会につながる基本構造であり、地域コミュニティにおいて地域力と市民力を、ゆるやかに集め（プラットフォーム）、ゆるやかにつなぐ（ネットワーク）ことができるのが「場所力」である。

(3) 「誰もが〈助かる〉社会」は「自治の回復」

　人口減少、高齢化が進行するなかで、自律生活圏（コラム4）として機能するためには、連携や分担が臨機応変にできる柔軟なネットワークが求められる

のではないだろうか。柔軟な自律圏ネットワークとは、まちづくりのテーマに応じてゆるやかに連帯し、継続的な環境改善運動を行っていける体制づくりである。

　行政への提案を住民意思としてまとめることではなく、さまざまな地域組織相互・その構成員である住民相互の意思確認と連帯にこそ、その目標がある。上郡町赤松地区では、地域の祭りに住民誰もが〈参加できる〉ことを目指して取り組んだ結果、さまざまな組織に連帯感が生まれ、地域の課題が共有され、新たな課題も発見され、次の改善運動へとつながっている。まちづくりは、住民、市民がお互いの利害得失を超えて、理解し合うことにある。当然、違う立場や意見の相違などもあろう。異なる意見を包みこんで、地域生活が継続していくかたちが民主主義であり、コミュニティの基本であり、まちづくりの原点である。「誰もが〈助かる〉社会」は、まちづくり、つまり自治の回復なのである。

文　献

帚木蓬生（2017）『ネガティブ・ケイパビリティ ── 答えの出ない事態に耐える力』朝日新聞出版

兵庫県（2017）「平成27年国勢調査小地域集計」https://web.pref.hyogo.lg.jp/kk11/jinkou-tochitoukei/kokuseichousashouchiikishuukei27.html（2021/1/7情報取得）

ひょうご震災記念21世紀研究機構（監修），地域コミュニティの防災力向上に関する研究会（編），渥美公秀・石塚裕子（2019）「みんなが助かるまちづくり ── 上郡町版地区防災計画策定の手引き」兵庫県上郡町 http://www.town.kamigori.hyogo.jp/cms-sypher/www/info/detail.jsp?id=12801（2021/1/7情報取得）

石塚裕子・渥美公秀（2019）「まちづくりに減災を織り込む取り組み（その2） ── ハレの場を活用した要配慮者支援の効果と課題」『地区防災計画学会誌』14, 31-32.

石塚裕子・渥美公秀（2020）「まちづくりに減災を織り込む取り組み（その3） ── 上郡町赤松地区「みんなが〈参加できる〉白旗城まつり」より」『地区防災計画学会誌』17, 46-47.

石塚裕子・渥美公秀（2020）「縮退時代のまちづくりに防災・減災を織り込む ── 兵庫県上郡町赤松地区におけるアクションリサーチ」『地区防災計画学会誌』18, 25-41.

上郡町（2017）「上郡町自主防災組織育成計画」を策定しました」http://www.town.kamigori.hyogo.jp/cms-sypher/www/info/detail.jsp?id=11283（2021/1/7情報取得）

小林郁雄（2011）「『都市計画とは』『まちづくりとは』何か？」『都市計画とまちづく

りがわかる本（第2版）』（pp.8-14）．彰国社

小林郁雄（2013）「21世紀の市民活動社会に向けて自律連帯都市を」『地域を元気にする 実践！コミュニティデザイン』（pp.190-215）．彰国社

国立社会保障・人口問題研究所 (2017)「日本の将来推計人口（平成29年推計）報告書」http://www.ipss.go.jp/pp-zenkoku/j/zenkoku2017/pp29_ReportALL.pdf （2021/1/7情報取得）

久保光弘（2005）『まちづくり協議会とまちづくり提案』学芸出版社

宮内泰介 (2013)「どうすれば環境保全はうまくいくのか —— 順応的なプロセスを動かし続ける」宮内泰介（編）『どうすれば環境保全はうまくいくのか —— 現場から考える「順応的ガバナンス」の進め方』（pp.14-47）．新泉社

消防庁（2021）令和2年版 消防白書

消防庁・日本消防設備安全センター (1996)『自主防災組織の活動体制等の整備に関する調査研究報告書』消防庁

総務省統計局（2017）「平成27年国勢調査世帯構造等基本集計結果」https://www.stat.go.jp/data/kokusei/2015/kekka/kihon3/pdf/gaiyou.pdf （2021/1/7情報取得）

矢守克也 (2017)「黒潮町における地区防災計画づくり」『地区防災計画学会誌』*10*, 3-8.

注

上郡町赤松地区のプロジェクトを担当したのは、渥美公秀・石塚裕子・鞍本長利・小林郁雄・寺本弘伸・村井雅清・室﨑千重である。

第 *6* 章

〈助かる〉活動事例集
—— 各地の協働実践に学ぶ

檜垣龍樹（1節）・室﨑千重（2・4節）・
加藤謙介（3節）・石塚裕子（5節）

1 防災マップづくり —— 兵庫県尼崎市武庫地区

(1) 地域の概要

　武庫地区（表1）は尼崎市にある六つの行政エリアの一つで、市域の北西部に位置している。過去から武庫川の氾濫に幾度となく悩まされてきた地区であり、住民は、毎年のように襲来する台風や集中豪雨による河川の増水や氾濫の危険性に防災上の関心をもっている。

　尼崎市の自主防災組織は、コミュニティ組織としての「社会福祉連絡協議会」（以下「連協」）ごとに組織されていて、多くの場合、連協の会長が自主防災組織の代表も兼ねている。平均的な連協は、面積も人口規模もおおむね小学校区の半分程度で、人口7万4000人程度の武庫地区には12の連協が設けられている。

　武庫地区では、2014（平成26）年度から2016（平成28）年度にかけて全12の連協（自主防災組織）エリアで防災マップづくりが行われたが、ここでは特徴的な二つの地域の取り組みを紹介してみたい。

表1　武庫地区概要

	尼崎市武庫地区	尼崎市（参考）
位置	尼崎市の北西部	兵庫県南東部
人口	76,501人	463,236人
世帯数	37,238世帯	236,606世帯
高齢化率※	25.9%	27.6%

※2020（令和2）年3月現在

(2) 防災活動等の特徴

● まちに新たな風を吹き込んだ防災マップづくり

武庫第3連協は武庫川沿いにあって、以前は盆踊りをはじめさまざまな地域活動が行われていたが、時代とともにそうした活動は見られなくなり、最近になって宅地化された地域では自治会がないところさえあるという。

水害への対応を考えるとき、戸建て住宅が中心の武庫第3連協の人びとにとって、すぐ北側にある武庫第6連協内のUR（都市再生機構）高層住宅群は、避難先として気になる場所であった。2年前に行われた武庫第6連協による防災マップづくりで、周辺地域からの避難が想定されていたこともあり、武庫第6連協の協力を得て、連協区域を越えてURの高層住宅までまち歩きを行い、ワークショップも同住宅の集会所で行った。いざというときのためには、日ごろから関係をつくっておくことが大切だということで、翌年には、武庫第6連協の夏まつりや餅つき大会に武庫第3連協のメンバーが参加するようになったという。

もう一つの特色は、防災マップづくりがきっかけとなって、さまざまな地域活動が始まったことにある。地域の課題について定期的に話し合う地域福祉会議が立ち上げられ、コミュニティカフェや健康体操が定期的に開催されるなど、充実した地域活動が行われるようになっている。こうした活動を通じて代々この地域に住む人びとと最近になって移り住んできた人びととの新たな交流が生まれている。

● 市域を跨いで行われた防災マップづくり

武庫第11連協は、周囲を幹線道路と山陽新幹線に囲まれたなかに位置しているが、このエリアの一部は伊丹市域となっている。

この地域では、阪神・淡路大震災のとき、尼崎市の住民が尼崎市域より早く水道が復旧した伊丹市域のご近所さんに水をもらっていたという。一方、伊丹市民の避難所となる小学校は1キロメートル近くも離れたところにあって、緊急時にはすぐ近くにある尼崎市の中学校などに避難する方がよさそうだ。いざというときのために日ごろから市域を跨いで連携を深めておくことが役に立つということで、防災マップづくりは、伊丹市側の住民にも参加を呼び掛けて行われた。

尼崎の住民は、伊丹市の集会所に防災用の資機材が整然と備えられていることに刺激を受ける一方、伊丹の住民は、尼崎の中学校に災害時に1万人が3日間程度しのげる飲料水を確保できる設備があることなどに関心を寄せていた。

防災マップには両市の情報が盛り込まれて、伊丹市域の住民にも配布された が、現在では、尼崎市側の集会所で毎週行われている老人クラブ主催のカラオ ケ喫茶に伊丹市域の住民も気軽に参加するようになり、防災マップづくりがき っかけとなって市域を越えた交流が生まれている。

(3) 「誰もが〈助かる〉社会」づくりの視点から

尼崎市武庫地区で行われた防災マップづくりの一端を紹介してきたが、「誰 もが〈助かる〉社会」づくりの視点からその意義を整理しておこう。本書の序 章や第1章では「防災マップづくり」は、「防災・減災2.0」の取り組みの一つ として取り上げられた。武庫地区で行われた防災マップづくりにも、もちろん 「防災・減災2.0」の意義や効果は織り込まれている。しかし本当に目的とした のは、防災をきっかけにまちづくり活動を編み上げていくことであり、本稿の キーワードである「まちづくりに織り込まれた防災」と軌を一にするものであ る。

社会的な流動性が高い都市部では、コミュニティ組織への加入率の低下や高 齢化の進展などにより、「防災・減災3.0」のめざす「防災・減災」を織り込む べき「コミュニティがすでに取り組んでいるまちづくり」がほとんど見られな くなってしまった地域も少なくない。武庫地区の防災マップづくりは、行政と 社会福祉協議会が大学やNPOの協力を得ながら地域に働きかける形で行われ たが、コミュニティの活動が低調になってしまった地域に、外部から新しい風 を吹き込むことにより、まちに動きをつくり、地域住民がもう一度まちづくり に取り組むきっかけをつくろうとしたものである。

一日で終えることも可能な防災マップづくりを、武庫地区では数回にわたっ て地域の特性や防災上の課題を考えながらまち歩きのコースを設定するなど、 一つの地域に半年以上もの期間を費やした。地域ごとにじっくりと時間をかけ て取り組むことで、多くの地域で参加者同士のつながりやノウハウの共有が図 られた。

また、武庫地区では、人と人、活動と活動、地域と地域をつなぐことを意識 しながら防災マップづくりが行われた。コミュニティ組織への加入率の低下に 歯止めがかからず、一つひとつの組織を立て直すことが難しいなかで、地域の 安心安全をさまざまなネットワークで支えていくという考えを共有する機会を、 防災マップづくりが提供したものととらえられる。

地域コミュニティの防災力は、災害を防いだり、その被害を減じたりする場 面にのみ発揮される力ではなく、さまざまな地域課題を解決しようとする際に

顕在化する、その地域がもつ対応力や総合力の一環として発揮される力だと考える。こうした地域の力は自然に形作られるものではなく、地域に蓄えられている人的・物的な資源をベースとして、具体的な活動を継続的に実践するなかで蓄積されていくのではないだろうか。本事例でもみられたように、防災の活動に取り組むことで地域福祉活動が誘発され、結果的に地域の福祉力の向上につながることもあれば、その逆もまたしかりである。

　日ごろから行っているさまざまな活動に「防災・減災」の視点や仕掛けを織り込みながら、誰もが助かる社会づくりをめざすことが「防災・減災3.0」の取り組みであるとするならば、防災・減災の活動を含め、さまざまな活動のなかに「地域福祉」や「環境保全」の視点や仕掛けを織り込む「地域福祉3.0」や「環境保全3.0」ともいうべき発想もあり得るだろう。

　具体的な活動を積み重ねながら地域の総合力を鍛えていくことが、誰もが助かる社会づくりを考える手がかりとなるのではないだろうか。その実例を武庫地区の防災マップづくりは示している。

2　多様な人が主体的にかかわるしくみづくり —— 神戸市長田区真陽地区

(1)　地域の概要

　神戸市長田区は1995（平成7）年1月に発生した阪神・淡路大震災により、直接死921名、家屋の全半焼4,772棟・約30ヘクタール（神戸市内の全半焼の約6割）、全半壊23,803棟（神戸市内の全半壊の約2割）と大きな被害を受けた。長田区内の真陽地区は、阪神・淡路大震災時に震災当日から災害対策本部を地区で設置し、地域住民が自ら救援対応を行った実績を持つ強いコミュニティがある（表2）。神戸市「防災福祉コミュニティ」事業では長田区第一号のモデル

表2　真陽地区概要

	神戸市長田区真陽地区	神戸市 （参考）
位置	神戸市の中央部よりやや西よりに位置し、南は海に面する	兵庫県南部
人口	6,945人	1,526,043人
世帯数	4,261世帯	763,694世帯
高齢化率※	33.4%	28.4%

※2020（令和2）年1月現在

地区となり、現在も要援護者対策および地域福祉と地域防災の連携を目的に、地区内の組織・団体と連携して各種防災活動を積極的に展開している。

　真陽地区は、南海トラフ地震では80分で津波が到達、まちの8割が浸水すると想定されている。細街路に住宅が密集する地域であり、災害時の避難・減災の対策が欠かせない。震災後約23年が経過した現在では、住民の約4割が入れ替わり震災の記憶は風化しつつある。地区の高齢化率は30％を超えており、地域活動の担い手も減少しつつある。このような状況で地域の防災力を維持するために、多様な人が主体的にかかわるしくみづくりが実践されている。

(2)　防災活動等の特徴

　真陽防災福祉コミュニティが進める実践から、南海トラフ地震の津波被害を想定した取り組みを取り上げる。地域内の多様な人が主体的にかかわり、誰もが助かったと思える備えには、四つの重要なポイントがある。一つめは、「時間を味方に」である。共倒れにならないために、津波到達までの80分の猶予に対して、被災時の救助活動を60分までと時間制限を定めている。二つめは、「地域内での道具・人の確保」である。歩けない人を津波被害エリア外に運びだすには、地区で準備できるリヤカーでは数が不足するため、地区内の店舗が所有する200台のショッピングカートを災害時に提供してもらう約束をしている。昼間人口は高齢者が大半であるため、町工場などの従業員にも非常時の救助協力を依頼している。三つめは「情報が命綱」として、地区内の全員が緊急事態を把握できるための対策である。小学校の屋上に設置された防災無線スピーカーは雑踏のなかで聞こえにくいことから、「トラメガ（トランジスタメガホン）作戦」が考案された。誰もが情報発信を担当しやすいように、サイレン音のみを出して地区をまわればよい。男性が救助活動に向かう場合には、女性がトラメガの合図にまわる分担がされている。小学校にも子ども用のトラメガが設置されている。子どもはトラメガを持ってサイレン音を出しながら避難することで、道中の周辺住宅に避難の必要を知らせることができる。地区内の店舗などにも協力してもらい、トラメガを設置している（図1）。四つめは、トラメガ作戦が実際に機能するための「子どもから高齢者まで誰もがわかるシンプルなルールづくり」である。「トラメガが聞こえたら大津波警報が発表されたと覚えておく」「強く長く揺れたら窓や戸をあけて外の様子をうかがう」として住民が自ら助かるための行動をとることもルールとなっている。また、「一つの自治会に4人のトラメガ隊員を配置」して、誰かが不在でも対応できるとともに責任と負担を分散している。

図1　地区内の店舗に設置されたトラメガ

⑶　「誰もが〈助かる〉社会」づくりの視点から

　「誰もが〈助かる〉社会」づくりへの示唆として、4点を整理する。

　第一に、避難訓練などで課題を発見して解決するスパイラルアップの継続である。具体的には、子どもから高齢者まで誰もがわかるルールづくり、高齢者にも聞こえやすいトラメガの鳴らし方の工夫、障害のある人など、歩いて避難が困難な人を少ない支援者で効率よく支援するしくみづくりが実現している。実践を想定した訓練などで、見落とされていた人への必要な支援を発見して具体的な対応を重ねることで、誰もが〈助かる〉という実感につながっていく。

　第二に、地域内にある資源を活用し、地域内の連携体制の構築である。地区住民のみですべての物資を揃えるのではなく、地区内の事業者の持つ資源を発見し、非常時の使用許可を得るなどの連携を実現している。地区住民のみの助け合いではなく、地区内の在勤者にも地区防災の役割の一部を担ってもらうことで、昼間は高齢者ばかりで動ける人が少ないという地域課題に対応できる。在勤者も、被災時には帰宅困難となるなど地区住民に助けられることもあるだろう。共に助かるための地区全体での防災対策の視点が重要である。

　第三に、多くの人が担い手として参画する工夫である。女性・子どもに救援活動は難しくともトラメガで地区内に避難の必要性を知らせることはできる。実際に女性・子どもが訓練を実施してトラメガ隊の担い手となっている。インクルーシブの視点では、要援護者を見落とさずに包摂することに加え、担い手としての包摂も欠かせない。誰が支援者で誰が要援護者かという線引きをなくし、できることをできる人が担う体制づくりに多様な主体がかかわることこそ、「誰もが〈助かる〉社会」につながる。現在の防災福祉コミュニティの中心は

団塊の世代であり、今後の取り組み継続には次世代の人材は不可欠である。担い手の発掘をめざして、中学卒業後の住民が参加できる共立ネットワークをつくり、イベント企画・文化活動など幅広い地域活動を行っている。

　第四に、地域外との交流および、地域外からの知を積極的に取り入れることである。他地域の交流として、長野県飯田市三穂地区と震災時に支援を受けたことをきっかけに交流を続けている。発災時にお互いに支援をしあえる他地域の存在は、被災時に大きな役割を果たす。また、複数の研究者から多様な助言を積極的に受けて、地区の現状に応じた改善を重ねており、先進的な取り組みとなっている。

3　防災・減災実践への多様な「参加」 —— 高知県黒潮町

(1)　地域の概要

　高知県黒潮町は、県西南部に位置し、2006（平成18）年3月に幡多郡大方町・佐賀町が合併して誕生した（表3）。同町は、「カツオ一本釣り」などの漁業、農業などの第一次産業や、ホエールウォッチングなどの観光業が盛んな街である。その一方、「砂浜美術館」のように、地域の特性に新たな価値付けを行った、ユニークなまちづくり活動でも注目を集めている（黒潮町, 2019）。

　黒潮町における防災上の最大の課題は、南海トラフ地震発生時に予想される「34メートル」という全国最悪の津波被害想定である。もともと、過疎高齢化が進んでいた同町では、津波被害想定によって、「震災前過疎」とまで呼ばれ

表3　黒潮町概要

位置	高知県西南沿岸部に位置する地域
面積	188.59平方キロメートル
人口	10,875人
65歳以上人口	4,844人
世帯数	5,469世帯
高齢化率※	44.54%
地域特性	漁業・観光業が盛んであり、「砂浜美術館」に代表されるユニークなまちづくりで著名。一方、南海トラフ地震発生時の津波被害想定を受け、官民協働のさまざまな防災・減災実践が行われている。

※2020（令和2）年11月現在

る人口減少が引き起こされた。これに対して、同町では、津波避難タワーなどのハード面での備えがなされるとともに、行政組織でも、町内の62地区に最低1人が防災関連業務を担う「防災地域担当制」が設けられた。この体制の下、住民参加型ワークショップが重ねられ、「戸別津波避難カルテ」が完成している（矢守・李，2018）。また、地区ごとの課題に即した、住民主体の地区防災計画づくりが進められている。

(2) 防災活動等の特徴

黒潮町内で、特に自主防災活動が活発な地域の一つが浜町地区である（204世帯390名・うち70歳以上高齢者137名：2018（平成30）年7月1日時点）。浜町(はままち)地区は、津波想定以前から、「婦人消防隊」などを中心とした自主防災活動が活発な地区であった。2012年に発表された「11分で34メートルの津波が来る」との被害想定を受け、ともあれ「逃げれば助かる」ということで、夜間訓練、保育園・小学校・中学校との合同避難訓練など、さまざまな実践が重ねられた。その過程で、独居高齢者・高齢世帯への声かけの徹底が課題として指摘され、同地区では自主防災組織を再編し、地区に居住する要援護者ならびに支援者表の見直しが図られた。また、福祉避難所開設訓練への参加、高齢世帯の「屋内避難訓練」、中学生が参加しての「押しかけ家具固定」などの取り組みが進められた。その結果、一般住民だけでなく、要援護とされる住民も主体的に防災にかかわることができるようになったという。

こうした実践の成果は、「津波避難タワー」の活用方法にも表れている。浜

図2　佐賀地区津波避難タワーと掲示物

町地区には、全高22メートルに及ぶ「佐賀地区津波避難タワー」が設置されている（図2右）。

同タワーには、ハード面でのさまざまな工夫が凝らされているが、より重要なのは、タワーの運用にかかわる住民自身の実践・連携のあり方である。たとえば、タワーを用いた避難訓練を重ねるなかで、避難スペースの使用方法や、物資貯蔵庫の保管物などについて、住民から提案されるようになった。また、住民から「現在地が何階かわからない」との意見があり、タワーの各階に、佐賀中学校の美術部と連携して制作された、フロア番号と警句が記された手作りのポスターが掲示されている（図2左下）。

加えて、最上階の屋内避難スペースには、地区に住む車椅子ユーザーである奈路広氏が描いた作品が3点、展示されている（図2左上）。2012年の津波被害想定の直後、奈路氏は、津波への強い恐怖心を持って、災害で破壊される街の絵を1点、描いたという。しかし、その後、タワー完成後の避難訓練への参加などを通して、未だ到来していない津波災害への捉え方が変わり、続く2点の作品、津波避難タワーを中心に存続するまちと人びとの姿が描かれることとなった（杉山・矢守, 2017）。地区防災活動による住民の意識の変化を示す作品が避難施設内に展示されていることは、実践の興味深い成果の一つと考えられる。

(3) 「誰もが〈助かる〉社会」づくりの視点から

黒潮町で継続されている、来るべき巨大災害を見据えたさまざまな防災・減災の実践は、「誰もが〈助かる〉社会」づくりへの示唆に富んでいる。まず指摘できるのは、「砂浜美術館」のように、コミュニティの課題を住民自らが問い直し、新たな価値づけを行うような活動が、従前から盛んであったという点であろう。住民自身が自らの地域の課題に取り組み、主体的に対案を生み出す機運は、同町の防災・減災のあり方に大きな影響を与えている（矢守・李, 2018）。

防災・減災の視点からは、黒潮町の実践には、一見すると、さまざまな「助ける－助けられる」関係が盛り込まれ、支援の主体／客体の区分が明瞭になっていると思われるかもしれない。たとえば、

- 「婦人消防隊」のリーダーシップが、地域住民を「助ける」（住民は、地域のリーダーに「助けられる」）
- 住民による「屋内避難訓練」が、避難行動が困難な高齢者を「助ける」（高齢者は住民に「助けられる」）

- 「中学生のポスター」が、避難タワーの使い勝手を改善し、地域住民を「助ける」（地域住民は、中学生に「助けられる」）

などである。

　しかし、実際には、これら「助ける－助けられる」関係は、長期にわたる地域での防災・減災の実践過程において「つながっていった」ものであることが重要である。婦人消防隊を中心とする実践を機に、住民が「防災・減災の行動が困難な高齢者」を「発見」し、「押しかけ家具固定」や「屋内避難訓練」につながったこと。津波避難タワーでの訓練の継続で、住民が「タワーの使い勝手の悪さ」を「発見」し、「中学生」と協力してポスター掲示をしたこと。また、その過程で、「車椅子ユーザー」が、自身の意識の変化を示した作品を描き、それが避難施設内に展示されるようになったこと、などなど。

　これらの過程は、支援の主体／客体の区別を明瞭にする動きではなく、防災・減災実践をめぐるコミュニティに対する、多様な主体の「参加」（矢守, 2013）のあり方を示していると考えられる。還元すれば、従前からの実践の継続が、「女性」「高齢者」「車椅子ユーザー」など、災害時に取りこぼされがちであった人をも、地域防災の主体として顕在化させることにつながっている。このような、多様な主体を包摂する「インクルーシブな防災コミュニティ」の構築が、結果として、黒潮町における、「誰もが〈助かる〉社会」づくりに寄与しているといえるだろう。

4　村内での二地域居住による暮らしの継続 —— 奈良県十津川村

(1)　地域の概要

　奈良県十津川村は96パーセントが森林で、急峻な地形のゆるやかな部分に集落が点在する中山間地域である（表4）。2011（平成23）年9月に発生した紀伊半島大水害により、河川氾濫や土砂崩れなどの甚大な被害を受け、村内の道路は土砂崩れなどにより至るところで寸断し、2週間あまり孤立状態となった。大雨が降ると村内の何処かが崩れることは珍しくなく、村内の大半が被災する可能性がある。過疎高齢化は着実に進んでおり、高齢化率が80パーセントを超える集落もある。車が運転できなくなると住み慣れた集落で暮らし続けることは難しく、村内の高齢者施設は満室であるため村外に出ざるを得ないのが実態である。村外にいる子世帯が戻る見込みのない家も多く集落自体の維持が困

表4　十津川村概要

位置	奈良県最南端
面積	672平方キロメートル（村としては日本一広い）
人口	3,167人
世帯数	1,756世帯
高齢化率※	45.8%

※2020（令和2）年11月現在

難になりつつある。村の財政としても、広大な村内に点在するすべての集落の暮らしを支える生活インフラの維持は困難である。

　紀伊半島大水害は、これらの地域課題に立ち向かう契機となり、過疎高齢化が進む村に最期まで暮らし続けられる安心安全な地域づくりをめざした創造的復興が進められている。

(2)　防災活動等の特徴

　村内全域の生活インフラの維持は難しいため、水害前より村は住民が徐々に移住などにより村内で集まって暮らす構想を描いていた。水害はこの構想を具体化する契機となり、村内で集まって暮らす実践として、復興公営住宅と高齢者向け村営住宅 "高森のいえ" の二つの取り組みが実現した。

　将来的に村の芯となる集落として、災害履歴が少ない既存の二集落が選定された。村の北部に位置する谷瀬集落と、南部に位置する猿飼集落である。水害被災者の入居する復興公営住宅は、被災集落やその近隣に造成した土地ではなく、この二集落内に2013（平成25）年に建設された（図3）。被災集落に近い集落の復興公営住宅に入居し、自宅や畑が被災集落内に残る人は、自宅にときどき戻り畑やお墓の面倒を見るなど二地域を行き来しながら生活再建をしている。復興公営住宅の入居者に話を聞くと、移住により大雨ごとの避難・不安から解放されて安心が得られていること、被災集落に残る自宅はできるだけ通って面倒を見続けたいと願う人が多かった。愛着の強い自宅のある集落との関係を保ちながら、災害時に比較的安全な集落で暮らすことは、安全な地域が限られた過疎高齢化が進む村の存続と誰もが〈助かる〉環境を実現する一つの解決策といえよう。

　高齢者向け村営住宅 "高森のいえ" は、猿飼集落に2017（平成29）年春に完成した（図4）。自宅での生活に不安を持つ高齢者が申し込んで入居する。"高森のいえ" では入居者同士が互いに見守りあえる安心感と、集落内にある

| 図3 高森集落内の復興公営住宅 | 図4 高森のいえの外観と畑 |

村唯一の特別養護老人ホームでの通所サービスなど福祉サービスを受けやすい利点がある。入居時に完全に移住する必要はなく、自宅と"高森のいえ"での二地域居住をしながらの段階的な移住を許容している。二地域居住は入居者の判断で行うことができるが、現入居の一人暮らし高齢者は自分で車を運転できる人はいないため、"高森のいえ"が日常の居場所となっている。子世帯が来たときなどに自宅に年に1～2回戻り、神棚やお墓のお世話をしているのが実態である。日常的に二地域居住をしているのは同集落に自宅のある二組の夫婦世帯である。彼らの集落は、水害で大きな被害を受け、自宅近くの崖が今後の大雨でいつ崩れてもおかしくない状況で危険ととなり合わせである。夫婦は大雨の際の避難および体調が悪いときなどに少しでも便利な場所で過ごす目的で、"高森のいえ"に月に数日暮らす。いずれ車の運転が難しくなれば、"高森のいえ"に生活の中心を移す予定という。

　集落を離れて別の集落に暮らすことに納得する時間があることに加え、"高森のいえ"で生活する時間が大半となっても、いつでも帰れると思える家の存在は精神的に大きな意味を持つ。村は将来的に村内の7行政区ごとに同様の"いえ"の整備を構想しており、"高森のいえ"は一つめのモデル事業になる。

　水害前は10世帯ほどだった猿飼集落は、復興公営住宅と"高森のいえ"などの新築により新たに20世帯が増加した。世帯増加後より、医師の出張診療、訪問販売が集落内に来るようになった。集まって暮らすことが、わずかであっても新たな生活サービス機能の充実につながっている。

　非常時には、常時の村外との交流が大きな役割を果たす。明治の大水害後に十津川村からの移住者によりつくられた現在の北海道新十津川町とは「母の村・子の村」として、小学生、青年団、役場、老人会、特別養護老人ホームなどの村内の幅広い年齢・さまざまな団体が相互に親密な交流を続けている。紀

伊半島大水害時には、新十津川町職員が長期間にわたり派遣され災害支援を担った。他にも、災害時相互支援協定を12自治体と結び、被災時にお互いに助け合える関係を構築している。

(3) 「誰もが〈助かる〉社会」づくりの視点から

十津川村の事例より「誰もが〈助かる〉社会」づくりへのポイントは二つある。

第一に、心のよりどころとしての自宅を持ちながら、災害から比較的安全な集落にゆるやかに移住して、村内のいくつかの地域に集まって暮らすことにより、災害時のリスク軽減と日常の見守り・生活サービスの向上が実現している。人口減少社会における地域防災・地域維持のために、生活圏域を二つの集落、あるいは村全体として広くとらえることで、住民の自宅・集落への愛着もやさしく包み込んだ、村の「誰もが〈助かる〉社会」への挑戦といえる。

第二に、被災時に助け合える平常時からの親密なネットワークの重要性である。母の村・子の村として定期的な交流を続ける北海道新十津川町は、2011（平成23）年水害時に十津川村に長期にわたって支援職員を派遣しており、自治体規模の強いネットワークが実際に被災時に大きな役割を果たした。

高齢過疎化が進む地域での、将来を見据えた「誰もが〈助かる〉社会」づくりを考えるうえで、示唆に富む事例である。

5　未来への森づくり ── 兵庫県丹波市北岡本地区

(1)　地域の概要

兵庫県丹波市は県中東部に位置し、小豆、黒大豆、栗、山の芋など丹波ブランドの農作物がよく知られている。山林原野が75パーセントを占める中山間地域で、2014（平成26）年6月の集中豪雨では、250か所以上の林地崩壊が起きて大量の土砂と流木が流出した結果、山裾の住宅に大きな被害を与えたのに加え、流出した土砂が河川を埋めて氾濫し集落や農地が浸水した。

丹波市では、復旧から創造的復興に向けて、「アジサイ栽培による"農"の再生プロジェクト」や「丹波復興女性プロジェクト会」による農家レストランの運営、山裾集落での住まい方のルールづくりなどさまざまな取り組みを展開している。なかでも、北岡本地区（表5）で展開されている「未来への森づく

表5　北岡本地区概要

	北岡本地区	丹波市　(参考)
位置	丹波市北部の自治会	兵庫県中東部
人口	124人	63,235人
世帯数	49世帯	25,983世帯
高齢化率	38%	33.6%

2020 (令和2) 年12月現在

り」は、将来の子どもたちも楽しめる里山整備に取り組む実践が評価され、兵庫県が主催する「第20回　人間サイズのまちづくり賞」において、「まちづくり活動部門」知事賞を受賞した。これまで「丹波の森」として親しまれ、人びとの暮らしに恩恵を与えてきた森林が脅威を見せた災害であったことから、森林管理を見直すことが減災につながるという発想から生まれた活動である。

(2)　防災活動等の特徴

　北岡本地区では、2013 (平成25) 年度の国道改修事業にともない治山ダム建設と間伐事業が行われることになっていた。その事業を機会に北岡本地区では今後も続く超高齢社会を見据えて、自治会の山 (20ヘクタール) と個人の山 (50ヘクタール) を一緒に自治会が一括管理する計画に取り組んでいた。何度も話し合いを行い地権者の同意を得て、ようやく事業に着手したところを豪雨が襲った。戦後、植林した檜や杉は、間伐の手入れが行き届いておらず、枝葉が密集して木が大きくなり、雨が地面に直接降り注ぐエリアが限定され、木と木の間が雨樋のようになり、猛烈な勢いで雨水が流れて、山肌の土や木を流出させた。手入れがされていない森林は崩れやすく危険であることを、大きな被害というかたちで見せつけられることになった。

　災害後、まずは地元の森林組合に間伐作業を依頼。完了後に行った自治会有志での調査登山では、山が明るくなってうれしい、子どもたちを連れてきたいという声があがった。そこから地域住民による森林整備活動が本格化した。活動は維持管理作業だけでなく、アウトドア講習会を開いたり、山歩きツアーを行ったりと、大学生など外部の人も参加する楽しい事業をあわせて実施していることが特徴である。2017 (平成29) 年度には市の「山磨きパイロットモデル事業」に採択され、自分たちの山にどんな木や植物があるのか調査したり、チェーンソー講習会を開いたり、植樹祭を開催したり、さまざまな活動を展開した。必ずセットで行っている昼食会では、猪カレー、猪肉の焼き肉、スペアリブ、孟宗竹のお椀で食べるそうめんなど、地域の素材を活かして、おいしく、

| 図5　チェーンソー講習会の様子 | 図6　植樹祭の昼食会の様子 |

楽しい時間が過ごせるよう工夫されている。昼食会では料理が得意な人の協力を仰ぎ、植樹の木のプレートづくりは木工が得意な高齢者が、力仕事は若者というように、住民一人ひとりが役割分担をして取り組んでいる。

　活動の合い言葉は「みんなで楽しみながらやろう、ぼちぼちやろう」。自治会長は「できないことはせんでいい、できることだけすればいい」という。活動は強制では行わず、参加できる者で行い、イベントに協力する、働いている人を励ますなど、立場にかかわらずそれぞれが自然体で参加できることを大切にしている。

(3)　「誰もが〈助かる〉社会」づくりの視点から

　まちづくりは、地域における、市民による、自律的継続的な環境改善運動（小林，2017）であり、森林整備はその真骨頂である。森林整備は50年先、100年先のまちの減災に寄与するものであり、後生に豊かな自然環境と安全で安心して暮らせる生活環境を継承するための地道な活動である。しかし、人口減少、超高齢化が進行しているなかで、森林の維持管理は全国的にも取り組み難い課題として認識されている。それは、活動の成果がいますぐに見えることは少なく、達成感を得にくい活動であり、継続することが難しいという側面を持っているからである。

　その点において北岡本地区の実践は、持続可能なまちづくり活動として取り組む姿勢を体現しているといえよう。そのポイントは二つある。

　一つめは、「楽しむ」ということをモットーに活動していることだ。大学生や自然愛好家など外部者の参加を得て、防災・減災のための森林の維持管理に留まらない、地域の交流事業として取り組んでいる。目標は100年先にあるが、「いま、ここを楽しむ」ことに注力することで、「また、やろう」という思いが

生まれ、次のステップへと偶発的につながっているといえる。そして地域住民
だけでなく、外部者を巻き込むことで、森林の維持管理を担う者という枠組み
を曖昧にし、気の遠くなるような森林整備という作業を、将来につながる夢の
ある楽しい作業へと変化させている。

　二つめは、地域で暮らす誰もが一役担えるよう、多様な住民が参加すること
をめざして取り組まれていることである。「できないことはせんでいい、でき
ることだけすればいい」という言葉どおり、誰かが誰かのためにしているので
はなく、一人ひとりがいまできることに取り組み、その積み重ねが、将来、再
び災害に見舞われたとき、後世の人びとが「あぁ助かった」と言える地域づく
りにつながっている。

　丹波市域の75パーセントも占める山林は「丹波の森」として地域に恩恵を
与えていたが、豪雨によって脅威を見せつけられたことをきっかけに、北岡本
地区では真剣に山と向き合い始めた。その活動は、森林整備という地道な防
災・減災活動を「誰もが〈助かる〉社会」づくりとして「楽しく」取り組める
ものとした好事例となっている。

文　献

[1節]
尼崎市（2020）「尼崎市ホームページ」https://www.city.amagasaki.hyogo.jp/
　　（2021/1/26情報取得）

[2節]
減災社会プロジェクト「真陽プロジェクト」（2013）http://www.drs.dpri.kyoto-u.
　　ac.jp/gsp/shin_yo_top.html（2018/8/17情報取得）
神戸市「長田区はこんなまち」（n.d.）https://www.city.kobe.lg.jp/h53961/
　　kuyakusho/nagataku/jyouhou/index.html（2020/12/17情報取得）
神戸市長田区真陽地区（2017a）「防災福祉コミュニティ　地域おたすけガイド（災害
　　初動対応計画書）」http://www.city.kobe.lg.jp/safety/prevention/plan/img/
　　shinyo-otasukeH29.8.pdf（2018/8/17情報取得）
真陽ふれあいのまちづくり協議会「街人めぐり」（n.d.）http://machi-comi.wjg.jp/
　　m-comi/magazine/0310/0310-2.htm（2020/12/17情報取得）
内閣府（2017）「トラメガサイレン！即、避難！」『地区防災計画モデル事業報告書
　　── 平成26〜28年度の成果と課題』（p.75）http://www.bousai.go.jp/kyoiku/
　　chikubousai/pdf/houkokusho.pdf（2018/8/17情報取得）

[3節]

高知県黒潮町（2020）「黒潮町ホームページ」https://www.town.kuroshio.lg.jp/
　（2020/12/30情報取得）

杉山高志・矢守克也（2017）「〈Days-After〉に関する研究（2）── 津波を描いた3
　枚の絵画の分析」『日本グループ・ダイナミックス学会第64回大会発表論文集』71-
　72.

矢守克也（2013）「参加を促す災害情報」『巨大災害のリスク・コミュニケーション
　── 災害情報の新しいかたち』（pp.31-78）．ミネルヴァ書房

矢守克也・李旉昕（2018）「「X がない，Y が X です」── 疎外論から見た地域活性化
　戦略」『実験社会心理学研究』*57*(2)，117-127.

[4節]

奈良県十津川村（2017）「奈良県十津川村「高森のいえ」整備構想　平成29年4月」

奈良県十津川村（2020）「十津川村ホームページ」https://www.vill.totsukawa.lg.jp/
　about/village/（2020/12/31情報取得）

[5節]

小林郁雄（2017）「「都市計画とは」「まちづくりとは」何か？」伊藤雅春ほか（編）『都
　市計画とまちづくりがわかる本（第2版）』(p.9)．彰国社

丹波市（2021）「人口・統計情報」https://www.city.tamba.lg.jp/life/3/18/82/
　（2021/2/7情報取得）

丹波市北岡本地区（2018）「北岡本自治会防災山林整備活動」

おわりに

　読後の感想はいかがでしょうか。「誰もが〈助かる〉社会」は、意外にも何でもない日々の暮らしぶり、まちづくり活動の積み重ねであり、私たちはもう取り組んでいるのではないか、私たちも取り組めそうだと感じていただければ、本書の趣旨が伝わったのだと思います。

　日々の暮らしのなかのさまざまな地域活動を経糸とし、防災・減災を緯糸として織り込まれていくプロセスが、助ける－助けられるという関係を超えて「誰もが〈助かる〉社会」を創っていくと考えました。地域のまちづくりとして織り込まれた防災・減災は、表からも裏からもしっかりと認識され、実践していく活動が趣のある柄となります。もちろん被災地など防災・減災に目覚めた地域では、防災・減災が経糸となっている場合もあります。

　いずれにしても布を織る作業は、とても地味で手間暇がかかり、時間を要します。「誰もが〈助かる〉社会」も、地道な地域活動の積み重ねであり、すぐには構築できないことは言うまでもないでしょう。

　これまで私たちは、防災・減災の課題に対し解決することを目標に計画を立て、実行していくことが多かったと言えます。しかし、いつしか、実行することだけが目標となり、形骸化してしまうこともしばしばでした。しかし、本書で示した、まちづくりに織り込まれた防災・減災は、誰もが〈助かる〉社会という目標を持ち、課題解決をめざすのではなく、目の前にあること、できることから動き始めます。そして動くなかで次の活動が偶発的に生み出され、継続し、積み重ねていくうちに、いつの間にか課題が解消されている──「あぁ、助かった」と言えることをめざしました。われわれと一緒に協働してくれた上郡町赤松地区では、すでにいくつかの課題が解消されつつあり、今後がますます楽しみです。

　本書のきっかけは、公益財団法人ひょうご震災記念21世紀研究機構が2017（平成29）年度に「地域コミュニティの防災力向上に関する研究会」を2年間の研究プロジェクトとして設置いただいたことによります。そして、兵庫県上郡町との出会いがあり、上郡町役場住民課のみなさんに多大な協力をいただき、赤松地区と協働して実践研究できることになりました。赤松地区では、連合自治会長をはじめ各集落の自治会長、公民館職員、地域住民のみなさんが地域に

誇りを持ち、仲が良く、行動力があったからこそ、誰もが〈参加できる〉白旗城まつりプロジェクトや地区防災計画（Ver.1）の策定など、大きな成果をあげることができました。さらに兵庫県尼崎市武庫地区、同県神戸市長田区真陽地区、高知県黒潮町浜町地区、奈良県十津川村、兵庫県丹波市北岡本地区のみなさんとの交流が、理論を考えるうえでも、実践していくなかでも大きな刺激となりました。関わってくださったすべてのみなさまとの出会いに感謝し、ご協力に心よりお礼を申しあげます。

　そして、行政、NPO・NGO、研究機関など、さまざまな立場から研究活動に参画してくださった執筆分担者たちとの討議や活動により本書が成立しました。共に考え、行動し、展開してきてくださった仲間のみなさん、ほんとうにありがとうございました。

　最後になりましたが、執筆にあたって細やかなアドバイスをくださり、完成まで見守っていただきました新曜社の大谷裕子さんに感謝いたします。

2021年1月

石塚裕子・渥美公秀

● 付録 1

災害後に発信された要望・提言（要約・一部抜粋）一覧

石塚裕子

	阪神・淡路大震災（1995年）	東日本大震災（2011年）	熊本地震（2016年）
出典	阪神・淡路大震災「復興計画」に関する要望書（第2次案）（障害者問題を考える兵庫県連絡会議被災地障害者センター）	障害者市民防災提言集東日本大震災版 わたしたちの提言7プラス1 障害者の視点から（認定NPO法人ゆめ風基金）	今後の大災害に向けた障害者支援に対する提言（熊本地震障害者救援本部）
避難行動	・ケースワーカーが物資搬入に追われ、救出、安否確認、行方捜索、緊急時の生活確保などに動けなかったことは、災害時における行政システムの根本的な問題である。 ・ホームヘルパーが動けなかった。また施設職員が通所者の生活確保、通所のための手立てを十分に取れていないことも指摘される。 ・小規模作業所などの地域拠点が救出、安否確認、行方捜索、緊急時の生活確保に果たした役割は大きかったが、行政からできることとできないことを得ることができるような位置づけ、評価している。地域やランティアの援助も同様だが、こうした活動・救援活動を災害対策をする中でこうした位置づけ、評価しているのか。 ・障害者が脱出するために、また関係する情報支援がなされないのか。	「届かぬ支援はもうゴメン、災害時に役立つ名簿管理を」 行政による要援護者の名簿登録があって、災害時に活用できていないことは大きな問題。災害時の状況と必要な支援を明確にして、災害時に役立つ名簿管理が必要。	（避難行動要支援者名簿について） 1. 固定電話だけでなく、避難後も連絡が取れるように携帯電話番号も名簿にのせておくこと。 2. 福祉サービス事業者や障害者団体にも名簿を開示し連絡調整を行っておくこと。 3. 日頃から支援が必要な障害者の調査をすること。避難後困ることとの聞き取りも行うこと。
避難所	・段ボール、トイレなど避難所に障害者が避難することを想定していないかと思った。車椅子、あるいはホームヘルパーの対応がまったくなかった。 ・医療、心のケアの相談、ガイドヘルプ、食事介助、生活支援などについても避難所に避難していないと思われる。 ・福祉センターなどを避難所としてすぐに開放しなかった。福祉センターは有効利用しなかった。 ・集団生活になじめない障害者に対する対応がまったくなかった。 ・緊急時に、障害者が主体的に生活を確保する、あるいはホームヘルパーの対応により共同生活できる小規模避難所が必要である。 ・障害者のためのFAXであったり、知的障害者や視覚障害者のために配慮がなく、情報提供や相談活動が不十分であったために生活不安を強めた。	「福祉避難所に問題を抱えている物に行けない障害者について」 地域の避難所のあり方を検討し、支援が必要な人々がどこに逃げればよいのか望ましいか（隔離された場所ではないか）、そして逃げたときの、その後には、どのような支援が受けられるか、その後の体制づくりを進めることが重要。 「病院にも貰い物に行けない障害者、災害対策に移動手段の確保を」 不便なところに建てられる傾向のある仮設住宅では、普段より交通手段に困っている障害者は、普段より身動きに移動困難になってしまう。災害時に移動の対策を事前に把握し準備しておくことが必要。	1. 指定避難所に障害者も避難できるよう、バリアフリーや合理的配慮を考えておくこと。障害当事者からも聞き取りを行い、住民との避難所運営訓練を行うよう促し、合理的配慮が進むよう図ること。 2. 福祉避難所が一次避難所として開設されるよう協定を改定すること。 3. 福祉避難所が被災した後も、事業を早期に再開するための計画を作っておくよう促すこと。災害時には福祉避難所として活用できるよう考えること。 4. 車椅子用トイレの整備など物資の配布など、災害時に考えて、広域避難しているなどにも配慮すること。 5. （避難所における物資の配布）避難所にいない人にも物資を配布すること。列に立てない人もいるので、列に並べない人もいるので代理の人が取れることも認めること。

140

避難後の支援	・施設入所、病院入院のみの対応に終始し、在宅福祉の後退がみられることは、行政政策の後退であり、地域福祉の点からも問われる。 ・3月初めまで障害者の姿が見えなかったことをどう考えるか。 ・地域医療・地域福祉のシステムがなかった。もしくは機能しなかった。特に精神医療、内部障害、難病、てんかんはまったく不備だった。 ・ケースワーカー、ホームヘルパーによる情報提供、相談、救援活動、サービス提供がなかった。 ・公共交通機関にアクセスできるようにしないと、障害者は移動権を奪われている。	**「障害者が関われる支援体制の確立を」** 災害時に備えてボランティアセンターを設置するだけでなく、障害者支援センターを設置すること、その運営に障害者が関われる仕組みが必要。 1. 避難所でもヘルパー等のサービスを行うよう事業者に徹底し、避難所の運営者にも伝えること。 2. 災害により公共交通機関が使えなくなることもあるので、日頃から移送サービス事業者と連携しておくこと。 3. 災害直後に増える相談に対応できるよう、普段から相談体制の充実を図ること。 4. ボランティアセンターだけでなく、障害者支援センターの設置も公的責任として防災計画に盛り込むこと。
仮設住宅	・仮設住宅は障害者・高齢者の住居を前提にしているとは考えられない。 ・障害者基本法の目的にそって、精神障害者も優先入居の対象とすること。 ・当事者の要望で生活環境を改善すること。 ・買い物、医療、福祉サービスなど障害者、高齢者の日常生活の確保のために特段の配慮が必要である。 ・コミュニティのコーディネートが必要で、相談活動が必要。	**「障害者がふつうに暮らせる仮設住宅づくり」** いまだに障害者市民がふだん着で安心して暮らせる仮設住宅があるとはいえません。障害者用というわけではありません。すべての仮設住宅をバリアフリー規格にしたいものです。みなし仮設住宅を積極的に活用するために基準整備が必要。 1. 仮設住宅は、障害者だけでなく誰もが安心して暮らせるバリアフリーを基本にすること。段差をなくすことはもちろん、敷地内も砂利止めを舗装するなどバリアフリー設計とし車いすでも利用しやすくすること。 2. みなし仮設住宅を改修する費用を公的に利用しやすいこと。
復興住宅	・公共交通機関は、障害者・高齢者がアクセスを保障するとともに、エレベーターが必要な構造とする。 ・周辺を含めたアクセス保障とともに、災害時には障害者も脱出・移動できる構造とする。	1. 復興住宅は、高齢者になっても住めるよう、すべてバリアフリーにすること。
日常の取り組み	（公共交通機関・公共建築物のアクセスおよび生活保障について） ・災害対策も組み込んだ「まちづくり条例」を見直すこと。 ・避難所、既存建築物も含め、障害者の生活を保障する構造に義務化すること。条例・規制の見直し、策定段階で障害者の参画を保障する「共に学び・共に育つ」こと。 （保育・教育について） ・コミュニティの重要性が再認識され、積極的に「共に学び・共に育つ」取り組みを強化すること等。	**「コミュニティづくりこそ最大の防災」** 避難所での暮らしにくさや避難生活でのさまざまな問題は障害者特有のことではなく、みんなに共通の課題である。防災や災害の支援活動でもっとも重要なのが、ふだんからの人と人のつながりである。 1. 障害者の参加しやすい防災訓練の事例を示し、地域の防災訓練に障害者の参加を促すこと。 2. インクルーシブ教育の普及を図ること。 3. 障害者への合理的配慮を考えた避難所運営訓練を実施すること。 4. 要援護者の防災計画は、障害当事者を中心に関係者が参画して作成すること。

石塚裕子 (2019)「災害と障害―インクルーシブな防災を実現するための視座」『福祉のまちづくり研究』21 (3), 1-12. より筆者改変。

● 付 録 2 ●

誰もが〈助かる〉まちづくり
ガイドライン

石塚裕子

本ガイドラインのポイント

本ガイドラインは、まちづくりの中に防災・減災を織り込むための
手順書となっています。四つのステップで構成され、
ステップごとに取り組みの趣旨、具体的な方法を紹介しています。
このガイドラインに沿って書き込めば、
地区防災計画の素案がつくれます。

ステップ❶ 地域を診断する

【趣　旨】

　お住まいの地域を、みなさん自身で調べて、地域の状況を診断することから始めます。地域活動の雰囲気や地域のつながりをつくっているものは何なのだろうか？　あらためて確認すると、地域で大切にしていきたいこと、課題が必ず見つかるはずです。必ずしも災害に関することでなくてもかまいません、さまざまな調査項目から地域の特徴を知りましょう。

【方　法】

　地区問診票は六つの指標から構成されています。みんなで話し合ったり、まちを歩いて確認したり、過去の資料を探してみたりしながら、各指標について調べていきましょう（第5章表3参照）。

ワンポイントアドバイス

　地域の健康診断によって自分たちの地域を知ることが、地域の課題や活動などいろいろなことの基本です。地区問診票などにある指標を参考に、多くの人が参加して地域診断をしてみましょう。実際に現地を歩いたり、いろいろな人たちと話し合うことで、幅広く基本となる共通項を知ることができます。また、過去の資料や、外部の人（来街者、観光客、支援者など）の目から見た状況も参考にすると、さらに広範で的確な地域の特徴に気づくことが多くあります。見知ったいつもの見方だけにとらわれず、新しい発見にもチャレンジしてみたいですね。

兵庫県立大学大学院減災復興政策研究科 特任教授　小林郁雄

地区問診票

該当するものには√を記入します。できるだけ多くの人で確認するとよいでしょう。

顔あわせ	□自治会　□老人会　□子ども会　□婦人会 □年間行事 □環境維持活動 □その他	①地区住民が頻繁に顔をあわす機会はありますか？ 　　□ Yes　　　　□ No ②どの活動にも参加していない人はいませんか？ 　　□ Yes　　　　□ No ③活動したいけれど、できなくなっている活動はありますか？ 　　□ Yes　　　　□ No
地域の宝		④大切なものは何ですか？ ⑤活用できるものは何ですか？
結びつき	□花見　　　□神事　　　□祭り（春　夏　秋　冬） □その他	⑥いくつ行事がありましたか 　　　　　　　　　　回 / 年 ⑦子どもから高齢者まで、誰もが参加していますか？ 　　□ Yes　　　□ No
外部	⑧活動人口・交流人口は確認できますか？ 　　□ Yes（　　　　　）人くらい　　　　　　　　□ No ⑨他地域とのつながりはありますか？ 　　□ Yes（　　　　　　　　　　　）　　　　　□ No	
安全指標	⑩過去の災害の記録を確認してみましょう。 ⑪ハザードマップを確認してみましょう。 ⑫避難所、避難路を確認してみましょう。何か課題はありますか？ 　　（　　　　　　　　　　　　　　　　　　　　　　　　　　　　　） ⑬緊急放送は聞こえますか。　　□ Yes □ No	
基礎	人口（　　　　　　）人、世帯数（　　　　　　）人 65 歳以上＿＿＿＿＿人、75 歳以上＿＿＿＿＿人、高齢単身世帯数＿＿＿＿＿世帯 幼児＿＿＿＿人、小学生＿＿＿＿人、中学生＿＿＿＿人	
総評	⑭何か気になることはありますか？	

ステップ ② 地域で取り組みたいことを考える

【趣　旨】

　人口が減少し、高齢化が進行するなかで、地域の役割が増しさまざまなことに取り組まなくていけなくなっています。そのようななかで、今一度、地域で取り組んでみたいことは何かを考えることが大切です。

　どのような活動も想いと楽しみがなくては長続きしません。みなさんが、最も取り組みたいことを改めて考えてみましょう。

【方　法】

　ステップ❶で作成した地区問診票をもとに、地域で取り組みたいことを書き出していきましょう。考える時のポイントは、「できる・できない」「誰がするのか」などは考えずに、まずは自由な発想で考えることです。また、地域の代表者だけでなく、女性や若者、高齢者や障害者など多様な人が一緒に考えることが最も大切です。さらに住民以外の人（学生、就業者、その他訪問者）からの意見を聞くことも有効です。

①まちづくりの夢を集めます

　　意見の集め方は、「記入用紙を配る」「みんなで集まって話しをする」など、何でも構いません。

②集まって意見を分類します

　　テーマ別、地区別、年齢別など、いろいろな切り口で分類してみると、地域のみなさんが取り組みたいことが見えてきます。

③まちづくりメニュー一覧表をつくります

　　いくつかの意見を組み合わせて、活動メニュー化し、一覧表を作成します。

　　　（例）空き家が増えている＋集まる場所がない
　　　　　　→空き家を活用して集会所をつくる
　　　（例）由緒ある寺を活かしたい＋史跡を活用したい
　　　　　　→地域の歴史深訪ルートをつくろう

④まちづくりメニューと防災・減災活動との関係を考えましょう

まちづくりメニュー一覧表と防災・減災活動

　まちづくり活動のすべてが防災・減災に役に立つと考えます。災害のことを少し意識して取り組むことで、みなさんが取り組みたい活動が防災・減災につながるようになります。例にならって一覧表（次ページ）を作成し、防災・減災とのかかわりを考えてみましょう。

【防災・減災活動の位置づけ確認】

　取り組むべき防災・減災活動の種類を4分類しました。まちづくり活動が、どの活動に役に立つのかチェックしてみましょう。

> 確　認：逃げ遅れや災害時要配慮者の安否確認に役に立つ活動
> 避　難：緊急時の避難行動に役に立つ活動
> 応　急：災害直後の救援活動に役に立つ活動
> 復　興：早期に復旧、復興ができる地域の活力に役に立つ活動

ワンポイントアドバイス

　たとえば「買い物サービス」という平時のまちづくり活動を、災害後応急時の避難を意識しながら行動することによって（避難）、災害時要援護者の外出確保を促し（応急）、避難のための健康維持につながります。そして、多くの住民が日頃から外出することによって、地域コミュニティの活性化し、災害後の復興につなげる（復興）という、すべてが連続し防災効果を導くと言えるでしょう。

被災地 NGO 協働センター 顧問　村井雅清

	まちづくりのメニュー	防災・減災との 関係・可能性	活動の位置づけ			
			確認	避難	応急	復興
例	農作物の ブランド化	関係性の強化、 地域活力の維持	✓			✓
例	おでかけ （買い物等） サービス	災害時要配慮者の 外出促進 （避難のための健康維持）		✓		
例	医療の充実 （訪問診療等）	災害時の医療連携の充実			✓	

ステップ❸ 今、一番取り組みたいことに "＋α（防災・減災）" して実行してみる

【趣　旨】

　まちづくりとして必要だと地域住民の誰もが感じることが、まずは大切です。そこに防災・減災の要素を織り込み、持続的にまちづくりとして取り組めような体制や仕組みをつくることをめざします。すべてのまちづくりが防災・減災につながります。どんな小さなことでも実際にやってみることがもっとも大切です。

【方　法】

　ステップ❷で作成したまちづくりメニュー一覧表の中から、一番取り組みたいことを選び、その活動に防災・減災の視点から少し工夫を加えて取り組んでみます。メニューを選ぶポイント、工夫するポイントは、下記の例を参考にしながら考えてみましょう。

【まちづくりメニューの選び方】

□関心度：地域の人々の関心が高く、協力が得やすいこと

□課題性：まちづくりとして、すでに課題になっていること、解決に緊急を要すること

□実現性：取り組みやすく、実現可能なこと

【＋α（防災・減災）の工夫の考え方（一例）】

□高齢者や障害者など多様な人が参加できるよう工夫できませんか？

□参加者同士が顔見知りになるための工夫はできませんか？

□移動、外出が困難な人が参加できるよう工夫はできませんか？

□避難路、避難所の整備、充実、改善に役立つような工夫はできませんか？

□多様な団体、関係者が参加できる工夫はできませんか？

□多様な団体、関係者が連携できるような工夫はできませんか？

	まちづくりのメニュー	防災・減災との関係・可能性	＋α（防災・減災）の工夫
例	おでかけ（買い物など）サービス	災害時要配慮者の外出促進（避難のための健康維持）	高齢者、障害者が利用しやすい移動手段を確保する
例	外出ポイント制を導入する	災害時要配慮者の外出促進（避難のための健康維持）	訪問看護、医療者との意見交換会を開く

┌─ ワンポイントアドバイス ─┐

　高齢者や障害者たちが、日常生活において抱えるさまざまな問題（移動・入浴・排泄・食事など）を、災害時には健常者たちが抱えることを、私たちは日本の各地で発生する多くの災害から学びました。つまり、地域で生活する高齢者や、何らかの障害のある人たちが、日常生活の中で抱える問題は何かを見て、学び、それらを地域の人たちの協力を得ながら解決する仕組みづくりが、健常者にとっても安心安全な社会づくりにつながるということです。そのため、障害の有無、軽度重度にかかわらず、日常的に顔の見える関係をどのように創りあげていくのか、全員が参加できる地域のコミュニティをどう運営していくのかを考え、より具体的に取り組む必要があります。

　阪神・淡路大震災のとき、障害のある仲間たちが地域の人たちと共に、瓦礫のなかで炊き出しを行った姿がありました。支援される側から支援する側として参加する取り組みのなかにも、誰もが〈助かる〉まちづくりにつながっていくヒントが隠されているように思います。

NPO法人ウィズアス 代表　鞍本長利

ステップ④ 地区防災計画としてまとめてみる

【趣　旨】

　ステップ❶〜❸まで取り組んだら、そのプロセスで得られた情報や課題など
をもとに地区防災計画としてまとめます。地区防災計画には、決まった形式は
ありませんし、分厚い書類も必要ありません。地区住民が目標や情報を共有す
るための資料として、とりまとめましょう。

　防災・減災の取り組みは一気に進むものではなく、一つずつ足し算で考えて
いくことが大事です。あらゆる災害を想定するなど、すべてを定めようと考え
ずに、まずは第一歩を踏み出すための計画として位置づけます。計画し（PLAN）、
実践し（DO）、評価して（CHECK）、改善（ACTION）していきながら、バージョ
ンアップさせ、"誰もが〈助かる〉まちづくり"を実践していきましょう。

【方　法】

1	はじめに	取り組みの経緯を記録しておきましょう。
2	計画対象地区	計画対象となる地区（自治会名など）を示します。
3	基本的な考え方	地区の目標や方針を定めましょう。
4	地区の特性	ステップ❶で実施した地区診断結果をもとに、地区の特徴や過去の災害の履歴などを整理しておきましょう。
5	活動内容	ステップ❷で作成したまちづくりメニューやステップ3で実施したことなど、当面、取り組むことを"1つ"以上決めて示します。実施主体は地区全体（たとえば連合会）で取り組むことだけでなく、小グループ（自治会単位）で取り組むこと、複数グループで取り組むことなど、組み合わせるとよいでしょう。
6	連絡・連携体制	ステップ❸の経験を踏まえて、災害時に連絡をとったり、連携したりする団体等を整理しておきましょう。
7	計画の見直し	計画の期間を設定し、見直し時期を定めましょう。
8	今後の課題	地区防災計画は一度きりで終わりではありません。今後、考えていくことを整理しておきましょう。

✔ 取り組み体制チェックリスト

　企画、準備、実施の一連のプロセスに、できるだけ多様な人にかかわってもらうことが成功の秘訣です。一緒に取り組む仲間や、活動を支援してくれる人、情報交換できる仲間をどんどん増やしていきましょう。

地区住民

□消防団、民生委員、社会福祉協議会など、災害時に主要な役割をはやす団体との連携はとれていますか？

□老人会、婦人会、PTA、子ども会など、地区の諸団体との連携はとれていますか？

□自治会役員以外の住民の参加は増えていますか？

□高齢者や障害者、外国人、子どもなど多様な地区住民が参加していますか？

住民以外

□小学校や中学校との連携はとれていますか？

□地区内の事業所や店舗、高等専門学校など、平日の昼間に地区で活動する人が参加していますか？

□訪問看護やデイサービスなど地区住民が利用する福祉サービス事業者との連携はとれていますか？

□近隣の大学生や観光客など、地区を来訪する人の意見を聞いたことはありますか？

□行政との協働体制はとれていますか？

□まちづくりや防災の専門家（学識経験者やNPOなど）からアドバスを受けたことはありますか？

□同じ悩みを抱える他地域との交流はありますか？

───── ワンポイントアドバイス ─────

《地域のつながりを広げていくために、おすすめの7カ条》

- 子どもたちに参加してもらうことで、その保護者や近隣住民を巻き込めることもある。

- まち歩きをしてマップづくりなどを行うことで、防災などの話題で地域のつながりが広がることも。

- 健康や歴史や農業など、色々な視点を合わせてみたら、参加者層も広がる可能性がある。

- 男性の知識や経験と女性のコミュニケーション力が合わされば、鬼に金棒である。

- 昔ながらのご近所での生活用品の貸し借りを復活してみてはどうだろう。

- そこに住んでいる人には見えない宝物がよそ者には見えていることが多い。外部の人の意見も参考に。

- 楽しむという気持ちを大切に、まずはできることから、少しずつ行動してみよう。

《一人ひとりのつながりを広げていくために、おすすめの3カ条》

- 毎日お散歩している人は、お散歩仲間づくりからはじめてみてはどうでしょう。

- できるだけ地域のイベントや行事に参加して、顔見知りのお友達を増やそう。

- 人にお願いするのはむずかしいけれど、結構相手は待っていることもある。困ったら相談を。

認定 NPO 法人日本災害救援ボランティアネットワーク　寺本弘伸

出　典

「上郡町版 地区防災計画策定の手引き みんなが助かるまちづくり」（渥美公秀・石塚裕子 編著）を再構成した。http://www.town.kamigori.hyogo.jp/cms-sypher/www/info/detail.jsp?id=12801（2021/1/12情報取得）

索　引

編者・執筆者紹介

［編　者］

渥美公秀（あつみ　ともひで）　　　　　　　　　　　　　　　　　　序章・第1章

大阪大学大学院人間科学研究科 教授。大阪大学人間科学部卒業。フルブライト奨学金によりミシガン大学大学院に留学、博士号（Ph.D. 心理学）取得。大阪大学大学院人間科学研究科博士課程単位取得修了。神戸大学文学部 助教授、大阪大学大学院人間科学研究科 准教授などを経て、2010 年より現職。認定 NPO 法人日本災害救援ボランティアネットワーク 理事長（http://www.nvnad.or.jp/）。主な著書に『災害ボランティア —— 新しい社会へのグループ・ダイナミックス』（弘文堂）、共編著に『助ける』（大阪大学出版会）、『ワードマップ 防災・減災の人間科学 —— いのちを支える、現場に寄り添う』（新曜社）など。

石塚裕子（いしづか　ゆうこ）　　第3章1・2節、第5章1〜7節、第6章5節、付録

大阪大学大学院人間科学研究科附属未来共創センター 特任講師。（公財）ひょうご震災記念 21 世紀研究機構 主任研究員（兼任）。博士（工学）。技術士（都市および地方計画）。日本福祉のまちづくり学会 副会長。専門はまちづくり、バリアフリー計画学。主に障害当事者との協働による交通、観光、防災をテーマにしたまちづくり研究、実践を行っている。著書（分担執筆）に『総合検証 東日本大震災からの復興』（岩波書店）、『ひとが優しい博物館 —— ユニバーサル・ミュージアムの新展開』（青弓社）、『日本の交通バリアフリー —— 理解から実践へ』（学芸出版社）など。

［執筆者］（五十音順）

加藤謙介（かとう　けんすけ）　　　　　　　　　　　　第3章4節・第6章3節

九州保健福祉大学臨床心理学部 准教授。専門は社会心理学（グループ・ダイナミックス）。熊本地震被災地などで、被災者とそのペットへの支援に関わる実践・研究に携わっている。論文に「ペットとともに、被災後のコミュニティを生き抜く —— 熊本地震被災地におけるコミュニティ縮退と被災者−ペットの尊厳ある生の事例より」『災害と共生』 4(1), 49-65, 2020 など。

鞍本長利（くらもと　ながとし）　　　　　　　　　　　　　　　　　コラム3

NPO 法人ウィズアス 理事長、NPO 法人日本ユニバーサルツーリズム推進ネットワーク 理事長。障害の重さや種類に関係なく生まれ育った町で当たり前に暮らしていくための活動や、障害のある人たちと介助者がいっしょに旅を楽しむユニバーサルツーリズムを推進するためのネットワークづくりに取り組んでいる（http://wing-kobe.org）。

小林郁雄（こばやし　いくお）　　　　　　　　　　　　コラム4・第5章8節

阪神・淡路大震災記念人と防災未来センター（DRI）上級研究員、兵庫県立大学減災復興政策研究科 特任教授、阪神大震災復興市民まちづくり支援ネットワーク 代表世話人、まちづくり株式会社コー・プラン 取締役アドバイザなどを兼任。専門は都市計画・まちづくり。著書に『都市計画とまちづくりがわかる本』（共編著、彰国社）など。

寺本弘伸（てらもと　ひろのぶ）　第3章3節

認定NPO法人日本災害救援ボランティアネットワーク　常務理事。専門は災害支援、防災、子どもの遊び、レクリエーション。被災地での災害支援活動をはじめ、災害に備えるための防災イベントの企画や子どもを対象にした防災教育、災害ボランティアや防災についての講演活動等を行っている。

檜垣龍樹（ひがき　たつき）　第6章1節

尼崎市職員、認定NPO法人日本災害救援ボランティアネットワーク　副理事長。専門はボランティア、防災、まちづくり。市民活動の促進や地域コミュニティの再生などについて、行政マンとNPOのメンバーの二つの立場から考え続けている。論文に『まちづくりを問い直す』（良書普及会）所収「行政とボランティア活動 —— 阪神・淡路大震災後のボランティア」など。

福島真司（ふくしま　しんじ）　第3章1節・コラム2

社会福祉法人希望の家　理事、指定障害者支援施設希望の家ワークセンター　施設長。兵庫県社会福祉協議会を定年退職後、2020年4月より現職。専門は、地域福祉、障害者福祉。著書に『地域福祉の歩み　IV』（分担執筆、兵庫県社会福祉協議会）など。

宮本　匠（みやもと　たくみ）　第2章

兵庫県立大学大学院減災復興政策研究科　准教授。特定非営利活動法人CODE海外災害援助市民センター・副代表理事。専門は災害復興、グループ・ダイナミックス。内発的な復興プロセスをテーマにアクションリサーチを展開。著書に『現場でつくる減災学 —— 共同実践の五つのフロンティア』（共編著、新曜社）など。

村井雅清（むらい　まさきよ）　コラム1

被災地NGO恊働センター　顧問。専門は災害ボランティア。防災士研修講座講師、認定NPO法人「しみん基金KOBE」副理事長、CODE海外災害援助市民センター理事などを兼任。著書に『災害ボランティアの心構え』（単著、ソフトバンク新書）、『ボランティアが社会を変える』（分担執筆、関西看護出版）など。

室﨑千重（むろさき　ちえ）　第6章2・4節

奈良女子大学研究院生活環境科学系　准教授。専門は福祉住環境・地域計画。誰もが住み慣れた地域で安心・安全に居住継続ができる住環境・コミュニティについて研究。著書に『都市計画とまちづくりがわかる本』（分担執筆、彰国社）、『リジリエント・シティ —— 現代都市はいかに災害から回復するのか？』（共訳、クリエイツかもがわ）など。

矢守克也（やもり　かつや）　第4章

京都大学防災研究所　教授。アプリ「逃げトレ」による津波避難訓練支援、「避難スイッチ」をキーワードにした豪雨災害防災ワークショップなど、地域防災や防災教育に関する研究や実践に従事。著書に『アクションリサーチ・イン・アクション —— 共同当事者・時間・データ』『アクションリサーチ —— 実践する人間科学』（いずれも単著、新曜社）など。

誰もが〈助かる〉社会
　　　　　　——まちづくりに織り込む防災・減災

初版第1刷発行　2021年3月11日

編　　者　渥美公秀・石塚裕子

発行者　塩浦　暲

発行所　株式会社　新曜社

　　　　〒101-0051 東京都千代田区神田神保町3-9
　　　　電話（03）3264-4973（代）・FAX（03）3239-2958
　　　　e-mail：info@shin-yo-sha.co.jp
　　　　URL：https://www.shin-yo-sha.co.jp/

印刷所　星野精版印刷

製本所　積信堂